JN411918

나무에게
배우다

문학공원 시선 135

나무에게 배우다

한승홍 시집

문학공원

자서

시 쓰기의 탈형식주의

-시성(詩性)의 자유-

1.

토담집에 살붙이 모아놓으니 맏이와 막내 간의 나이차 57년! 오랜 간격 뛰어넘은 출산이기에 지금 내 가슴은 몹시 설렌다.

내 비록 늦깎이로 등단했지만 오래전부터 시상이 번득일 때면 사물도, 현상도, 감성도, 추억도 때론 서사체로 때로는 서정체로 그때마다 내 방식으로 빚어놨었다.

나는 시상의 표상 과정을 정형화된 틀에 꿰맞추려하지 않는데 이단아의 반항처럼 비칠 수도 있는, 이런 나의 기행을 나도 막을 수 없었다.

나는 시성의 자유에서 나 자신을 발견했고 서사시, 서정시, 시조, 산문시 등 여러 형식의 틀을 깨고 모으고 붙이며 내 나름의 글틀을 만들어보았다.

감동과 여운이 오래 남는 시, 그 감칠맛을 무엇에 비하랴! 이런 시를 쓰는 시인들이 참 존경스럽고 위대하다.

하지만 어떤 이들은 시를 이념으로, 때로는 철학으로 표출하기도 하는데 내가 니체의 시와 아포리즘에 심취하는 이유도 거기에선 생명이 꿈틀대기 때문이다.

형식이 자유로운 시의 매력에 몰입되어가며 거기에서 참 길(道)을 찾으려는 나의 유별남은 시작의 정형을 일탈하려는 오기로 비칠 테지.

2.

볏짚 이엉 얹힌 토담집
투박스럽기는 해도
내 살붙이 풋풋함이 배어든 곳
해와 달과 별무리 쏟아지는 밤
계절마다 여며오는 애잔함
그리고 바람의 향기
온갖 들꽃과 옹달샘 넘쳐흐르는 개울물
저 계곡 아래로 흐르는 강과 그 너머 바다
사랑과 그리움이 추억으로 쌓여있는 곳

댓돌 아니어도 흙마루로 올라가
문고리 당겨 방으로 들어가면 흙 내음 가득
여기에 나의 삶을 풀어놓았지
산나물 밥상 들고 들어오곤 하던
이제 그 임은 돌아올 수 없으니
애수에 젖은 내 마음엔 애달픔만 서린다
내 살붙이 요람이 된 이 토담집을 임에게 바친다
나의 운명이었던 임에게!

2018. 여름

한 승 홍 배상

차례

1부. 시원의 시간

2부. 내 사랑하는 사람에게

3부. 구름 속 초상화

4부. 어머니 생각

작품해설

1부
시원의 시간

조약돌을 보며

형이상학은 만유의 본질을 개념화하는 시이고
시는 만유의 현상을 형상화하는 형이상학이다
형이상학은 개념화된 존재를 참이라 역설하고
시는 형상화된 가상을 참이라 노래한다
존재로 인해 가상이 있으니
만유는 존재와 가상의 변주곡
윤회도 영생도 만유의 본디인데
시 한 수로 무엇을 노래하랴
시는 의미의 확인이 아니라
현상의 확인
나는 변화를 따라가지 않겠다
변화의 배후에 대하여 궁금해하겠다
나는 그간 무엇을 했는가에 집착하지 않겠다
다만 조약돌을 들여다보며
오십억 년 굴러 여기까지 온 그 장한 증거에 대하여
하나님의 재림을 확인하겠다

3월

T. S. 엘리엇,
그에게는 4월이 잔인하지만
내겐 3월도 잔인하다네

새 생명 틔우려 내 기운 약동하는 데
황량한 바람과 한랭으로 내 몸 덮치며
겨울 발목 잡고 매달리는 매정한 달

내가 벌과 밀월을 꿈꾸며 꽃피려 할 때도
상고대 입혀가며 심술부리는 3월
하지만 남쪽 꽃바람 어이 막을 수 있으랴!

나무에게 배우다

하늘은 스스로를 내려놓아 맑아진다
물은 스스로 낮아져 이롭게 한다
바위는 스스로를 내려놓아 단단해진다
내려놓을 것이 없으면 담을 것이 많아지고
마음을 비우면 몸이 가벼워진다
한때 가지려고 애쓰던 때 있었다
집 한 채 가지려고 아등바등하던 때 있었다
품위 있게 보이려고 좋은 옷을 꿈꾸었다
신앙 깊게 보이려고 위엄을 가장했었다
목소리가 굵어야 가장이 유지되는 줄 알았다
그러나 모든 소유는 소유가 아니라는 걸
진정한 소유는 웃는 낯으로부터 시작되는 걸 이제야 알겠다
퇴적물이 쌓여 있으면 삶이 점점 물화되고
청빈한 인생엔 모두 나로 보인다
사람살이 한갓 꿈인데 거기 무얼 담으려 하나
가득히 담은들 깨면 초로인생이다
조우하며 연한 만상도 마음 열고 담아가면
모두가 나이니 내겐 내가 채워진다
그릇은 비워둘 때만 다른 곡식을 채울 수 있고
관악기는 속을 비울 때 아름다운 소리를 낼 수 있나니

이 가을 모든 잎사귀를 내려놓고
스스로 혹독한 겨울을 택하여 성장을 꿈꾸는 나무에게 배운다

시원의 시간

아침 햇빛엔 눈이 부신다
해는 오르며 하루를 달린다
햇빛이 쏟아지는 곳마다 무언가 새로움이 다가온다
새로움에 대한 호기심은 설렘과 두려움을 이어가며
미래를 여는 진통을 겪으며 푸른 희망을 잉태한다
보랏빛 노을이 피는 하늘에 빨갛게 타오르는 시원의 아픔
무화과 잎들이 들판을 덮은 인류의 심원한 가슴속
그 창조주의 손끝에서 피와 구원의 생수가 흘러
땅거미 기어드는 에덴의 서쪽에 한 줌 피를 뿌렸다
그리고 신의 호흡이 바람에 흩날려
기울인 십자가에 티끌을 모으고
태고의 에덴에 검붉은 흙을 뿌린다
때때로 음양이 동했던 생명
반대의 일치로 밀착된 추억
인생의 하루를 엮었던 신화
만물이 섞이어 시원을 연다
한낮의 햇살은 내 몸을 달궈도
꺼져버린 이상의 불씨는 노예처럼 석양을 맞는다
빛과 열기를 온종일 뿜어내며 쉼 없이 달려온 해도
이젠 피안의 세계를 내 몸에 쏟아붓는다

해가 중천을 지날 즈음에는 보이는 모든 게 그저 그렇고
시간의 흐름에 얹혀가며 희망도 욕망도 꼬리를 감춘다
물처럼 흐르는 세월에 묻혀 나날이 오늘에 이르는 동안
인생엔 어제가 새로운 오늘 기억을 더듬어 한겹씩 편다
어제는 영원한 물망초 시간이자 가끔은 애환 순간이다
그렇게 지나간 영겁이 찰나의 가슴을 메우며 간다
석양은 서녘을 곱게 물들이며 석별의 정을 노을로 표현한다
어둠이 오기 전 살며시 떠나는 너
오늘 밤은 등불로 어둠을 밝히련다

바람의 미학

어느 날 불어온 그대는 어디서 왔느뇨
흙을 흩날리고 떨기나무 숲을 뒤흔들며
그대는 어디서 왔느뇨
그대의 몰아치는 힘으로 내 맘 어루더듬어
그리움의 물결을 일으킨 그대는 어디서 왔느뇨
내 맘속에 그대 있는 듯
멀리 떠난 듯
멀어져 가는 구름처럼 홀연히 그대도 가려뇨
모든 것이 왔다 가지만
영원까지도 아우르며
내 맘속에 그리움을 그려놓고 있는
시원의 밀어 같은 자태여

시간의 속삭임

나이가 한 살씩 쌓여 가면
추억이 한 겹씩 쌓이는 것
그리고 그 과정이 우리가 살아온 역사가 아닌가!
세월이 우리에게 엮어준 것
거기에서 들려오는
시간의 속삭임을 우리는 들으며 설레었지

영원한 시간이 세상엔 없지만
추억의 시간만은 영원한 것
시간 속 영원을 되새기며 우리는 세월에 묻혀가는 거지
시간은 삶을 이어주지만 삶은 만남과 헤어짐으로
사랑의 환희와 석별의 아픔으로
우리에게 아련한 그리움만 남겼지

미세한 소리로 속삭여 주었던 시간의 속삭임이
우리의 아름다운 추억이었고
나날이 영글어가는 미래였지

바람의 사계

1.
봄에 불어오는 바람은
얼었던 웅덩이와 개울을 깨며
개구리를 짝짓기로 충동하고
봄꽃들 흐드러지게 피고 지면
생기 불어넣어 맺은 꽃가루
하늘 멀리 날려주어 번식시키고
막연한 그리움에 설레는 젊은이들
내일 꿈에 밤 설치게 하고
만물에 생명력 불어넣어
살아있는 유기체로 순환시키는
생명의 입김

2.
한 여름 복더위에 불어오는 바람
폭염에 소나기 몰고 오기도 하고
청계수 물줄기 맞으며
더위에 지친 몸 천렵하며 보신할 때
그 무엇보다 시원한 청량음료
칠팔월 아이들 방학 때에는
들로 산으로 강으로 바다로
자유를 누리며 맞는 바람

때로는 비구름 몰아내 가뭄으로
때로는 비구름 불러와 홍수로
농부의 마음 새까맣게 태우기도
여름 바람은 천지를 뒤흔들어
자연을 자연으로 되돌리며
거기 있음을 있게 하는 마(魔)의 활력

3.
소달구지 지나가는 시골길
가을바람에 길가 코스모스
수채화 물결 이어가고
세상구경 잠깐하고 떠나야 하는
빨간 고추잠자리
분주히 하늘을 날며 노작거리는
가을바람은 아쉬움의 흐느낌
늦가을 바람에 옷깃 여밀 때
찬기는 옷깃으로 스며들고
추억은 그리움으로 가슴에 스며오네
보고 싶은 얼굴들
더러는 이미 낙엽이 되었을 텐데
아, 이것이 인생무상이련가!
석별과 고독과 외로움의 순간순간

일상의 잡념에서 벗어나
푸른 하늘에 흘러가는 구름 보며
나도 이제는 갈색으로 변해가는 단풍잎
내일이면 낙엽이 될 테지
애수의 여운에 수산한 가을바람

4.
겨울은 삭풍의 계절
겨울바람이 몰고 온 눈이 쌓이고
희비애락의 한해를 넘기며
송년회, 망년회로 어수선한 연말
교회 종탑에 드리워진 크리스마스 장식
전파상에서 흘러나오는 크리스마스 캐럴
돌체에서 나와 눈길을 걷다
만나당 단팥죽에 몸을 녹이며
그녀의 뺨에 흐르는 발그레한 연정
그녀의 눈에 빨려 들어간 나의 마음
우린 눈빛으로 사랑을 나누며
몇 시간을 보내도 이야기는 이어지고
통금령 땜에 아쉬운 헤어짐
눈은 쌓여가고 그리움은 깊어가네
긴긴 겨울밤 적막을 깨며

'메밀묵 사려, 찹쌀떡!' 외치는 소리
야경꾼의 딱따기 두드리는 소리
동네 어귀를 돌아 점점 멀어져 가며
겨울밤은 적막에 싸여 깊어가는 데
이 생각 저 생각에 잠 못 이루는 밤
오늘은 너무나 빨리 지나갔건만
내일은 왜 이리도 더디게 오는가!
겨울바람은 아쉬움과 희망의 속삭임

브룬펠시아

초년에는 모든 것을 채워가며
강렬한 자태로
중년에는 조금씩 덜어내며
다소곳한 몸가짐으로
말년에는 모든 것을 내려놓은
단아한 품위로

브룬펠시아여!
굽이 세월 넘으며 한세상 살다
어느 날 자신마저 내려놓고
말없이 흙에 묻히는
아름다운 순간마다의 삶!
그대는 참 사람살이의 화신이었소

브룬펠시아여!
발코니 꽃밭을 채우고
내 서재로 흘러 스미는
그대의 그윽한 향기
내 가슴에 여미어
오늘도 신성함에 빠져든다오

폭풍우 몰아치던 밤

폭풍우 몰아치던 밤이 지나고
아침을 맞은 꽃밭
그 많던 꽃은 다 어디로 가고
꽃나무 잎사귀엔 물방울만
추억에 잠기운 눈물인 듯
애처로이 맺혀있구나

바람에 몸 떨며 흐르는 눈물
대지에 어둠이 내리면
아아, 꽃 없는 이 외로운 밤
이슬을 머금은 잎사귀!
비애의 눈물로 꽃밭을 적시며
이 밤을 보낼 테지

외로운 나뭇잎
늦가을 뉘엿한 햇빛 받으며
임 만날 설렘에
몇 날 며칠 몸 꾸미고
혼마1) 앞세워
먼 길 떠날 차비하네

1) 魂馬: 상여 앞에서 안장을 갖추고 가는 말

저 꽃, 외로운 마음에

애정에 갈급한 꽃에 나는 호수가 되었고
저 꽃, 외로운 마음에 나는 말벗이 되었다
밤 되어 입 다문 꽃에 나는 생기를 주었고
만추 서리 맞은 꽃에 나는 화롯불이 되었다
동녘 하늘 밝아오는데 내 품엔 꽃이 피었네

악맹의 노래

중학교 때 불곤 했던 하모니카
60여 년 흐른 지금 더듬어 불어본다
악보도 못 읽는 악맹이라도
서투른 입놀림으로 내불고 들이마시며
음 잡는 게 이젠 어렵게 되었구나

흥얼거리며 자작시에 음을 넣어 본다
첫 작품을 음계에 맞추며 불기를 수차례
'오소서 임마누엘'이 첫 작품이 되었다
'가을비'는 애련하게 헤어진 사랑을
'사랑이여, 안녕!'은 애수의 노래로

악맹의 노래가 악보에 실려 음파를 타면
내 노래를 임의 무덤 앞에서 들려주련다
사랑했던 추억이 떠오를 때마다
임의 얼굴이 내 맘에 다가올 때마다
애수의 사랑을 담아 하늘로 띄우련다

기러기 떼

낙엽이 지는 날
기러기가 온다
바람이
북극의 호흡을 전해 주려는 때
기러기 떼는
야음을 찾는다

빙하를 타고 흘러가는
태양계의 유전이
다시 원근을 던져
밤마다 울려줄 때
타향의 풍경에
향수를 찾고는
밤마다 다정하게 느껴지는
산천의 풍경을 그리워하며
기러기 떼는
초 가을밤의 외경에
성스러움을 나눈다

브라질 이민선

꿈을 신화화하며 지새운 밤
브라질에서 새 삶 헤쳐 열려고
이민선에 오르는 이들의 얼굴
생전에 이 땅 다시 밟아보려나
이런 상념에 잠겨 발 옮기는데
석별의 눈물 뱃전을 적신다

선상에 나부끼는 오색 오라기
너마저 뱃고동 소리에 목이 메누나
아아, 고향!
훗날도 저들의 고향이려나
오는 이도 가던 임이 아니요
고향 산하도 떠났던 고향이 아니거늘

사람살이

인생론은 너무 고상한 말만 나열하는데
글쎄요?
그런 인생은 이미 성자의 삶
나는 자신 없네요
그렇게 사는 게

살기 위해 살아야 할 때가
살다 보면 더 많은데
명언의 진리처럼 살려 해도
세상은 그렇게 살도록
나를 내버려두지 않으니

내가 사는 것도
내가 사는 것이 아니고
사람은 그저 사람살이를 하며
살아가는 것 같네요

사람스럽게 사는 게
참 인생인데
왜 인생 나날의 삶을
실현불가능의 수사로 포장하는지

'사람으로 살다 간다!'
이 한마디를 남기며 눈감으면
그 인생은 정말 참 삶인 것을

왜 인생을 인생답지 않게 포장하며
초인지경의 성자인양
무아, 탈아, 비아의 초극성을 흉내 내며
삶의 본디를 기만하는지

누구에게나 지금
이 순간은 신이 주신 최고의 삶인 것을

이런 고백을 하며
나날이 살아가는 것
이것이 진솔한
사람살이 아닌가요

애련의 추억

개울을 건너며 이별의 아픔을 가슴에 묻었건만
개울가 풀숲 어디선가 애처롭게 들려오는
풀벌레 우는 소리에 내 마음마저 아려오누나

고적한 이 밤
정처 없이 흘러가는 개울물,
영결의 아린 마음 불태우며 사라져 가는 유성,
저들이 가는 곳을 알 순 없지만
안들 무엇하랴

마을 어귀 들녘을 지나
어둠 속으로 사라지는 밤 열차
그 기적 소리는 임의 절규 아니런가
싸늘한 바람은 나의 얼굴을 스치고
그리운 슬픔은 나의 뺨을 적신다
이제 나에겐 애련의 추억만 남았네

4월의 그날

아! 4월의 그날
너와 나
자유와 정의를 외치던 그날
하늘도 노하고 땅도 곡하던 날
우리의 심장은 거칠게 뛰었지

이 강산 지축이 흔들리던 날
피를 토하며 쓰러진 너!
이 땅이 피로 적셔지던 날
마침내 이 땅에는 새 하늘이 열렸지!

나만 남기고 먼 길을 떠난 너
그날 이후 나에게도
4월은 잔인한 달이 되었네

애가
- 6·25에 부쳐

이곳에 애수에 서린 전설이 있다
서릿발 선혈이 하얀 묘문석 위에
연년이 쌓인 오랜 침묵이 있다
그날의 이야길 홀로 간직한 침묵

새날은 여명을 깨며 조용히 오고
연륜의 속맘에 해는 파묻혀 온다
아침을 깨우는 들새 지저귐 소리
이렇게 오늘도 새로 역사를 연다

현충원 비석에 색인 관등과 이름
빛바랜 어머니 사진 가슴에 안고
구천 길 외로이 떠난 소년병 눈물
애조 띤 트럼펫 조가 하늘도 운다

하루가 하루씩 잇는 영면의 시간
무거운 침묵이 더욱 서글퍼진다
젊음의 기상을 전장 포화에 잃은
비애의 시간만 쌓여 전설이 된다

바닷가에서

1.
항상 '고독'이 찾아드는 안식처에서
때로는 이국의 달콤한 선율에 향수를 달래는
소라여!
죽음과 같이 무서운 바닷가에서, 너는
혈관을 달리고 있는 소녀의 사랑마냥
불당겨 이 밤을 지새우기로 한다
말끔히 들여다보이는
보랏빛 하늘에
속삭이고 있는,
소라여!
지난날은 '고독한 혼'이
자연과 인생과 철학을 노래하며
지나던 모래 위를
나는 다시 깊은 발자국을 찍으러 가련다
마치도 마알간 진주알처럼
하늘과 바다를 품은 소라
좁다란 각질 속에서
창생의 탄식이 바람을 타는
황량한 들판을 지나
펑퍼진 대지 위에 몰래 내려앉는
밤이 되고

심야의 적막 속에
흐르는 음률과
불 꺼진 침실에로 들어오는
은색 달빛 속에
별빛이 조용히 속삭일 때
외로운 소라에게
내일이 시작되고 있다

2.
하늘의 타이탄 신이
뼈도 없는 투명의 긴 손가락을 움직여
바다에 뻗어 조화를 만들어내고
이것을 보라는 듯 내게로 펼친다

바다, 영원한 안식처와도 같이
날이 오면 또다시 생명을 얻고 율동하는
푸른 물결에 괴로움을 띄워 보내고
많은 날들을 외로운 운명 속에서
바다와 하늘과 대지와 속삭인다는 것,
산 생명을 인식하며
과거를 아름다운 추억으로 채색하다
밤중이 될 때 죽음과 졸음의 교차로에서

새로운 벗과 형제들에게 손짓하며
스러져 가는 생, 삶

자연의 호흡이 가슴속에 깊이 새겨줄
아득히 먼 세계를, 바닷가에서
살아 움직이는 환상을 짜내며
성스러운 광채 앞에 안아본다

-『연세춘추』, 1963. 9. 9, 4면.

인생의 미로에서

내가 인생의 미로에서 벗어나려 해도
소리 없이 숨어 들어오는 온갖 유혹의 덫
이제는 당신의 따뜻한 가슴에 파묻혀
당신이 들려주는 시원의 밀어를 들으며
나 자신을 찾으렵니다
잃어버렸던 나 자신을

해를 가리는 먹구름과 요란한 천둥소리
대지를 뒤덮은 가시나무의 울부짖음
오늘도 진혼곡 애처로이
언덕에 산울림으로 메아리치며
흐느끼듯 내 가슴을 적십니다
죽은 자도 그 가락에 흐느낄는지

고독했던 나의 영혼은
우수의 계절, 신화 속에 묻혀가고
당신의 안식처에서 당신 품에 안겨
당신의 입에서 속삭이듯 흘러나오는
부드러운 밀어를 들으며
나는 샘솟듯 넘치는 희열에 취합니다

당신의 사랑은 나에게 소망을 속삭였고

당신의 음성은 나에게 믿음을 줬습니다
이 모든 게 나에겐 경이로울 뿐
젖 물리며 잠재우곤 하시던 성스러운 어머니
나에겐 당신이 나의 어머니 모습
이 세상 어느 누가 당신보다 고귀할까요

전쟁의 상흔

초가을 바람이
풀섶을 무정하게 흔들어댄 후
사방은 전쟁의 유물들
퇴색된 계급장과 녹슨 총검과 탄피
적막을 쪼개며 조각난 파편 속에
옷자락을 여미며 다가오고 있다

김포평야

마포 나루 강줄기에 노을이 지고
김포평야 하늘에선 들새 떼 노닐며
오르내리는 뽐내기

하늘을 날던 전쟁의 영웅들
이 가을 석양녘에
무얼 하며
늙은 곡예사의 슬픔을
저 하늘에 날려 보내려나

이 가을!
김포평야 그 너머로
평화로운 촌락이 촌락과 이어지고
산과 안개와 석양의 불꽃이
그 뒤로 그 뒤로
대지를 불태우는 그 뒤로 펼쳐진다

어제

나는 기억을 더듬어 어제를 펼쳐본다
어제가 나에겐 아쉬움
가끔은 고독한 밤
눈물로 지새웠던 시간이었다

그렇게 지나간 시간의 다음은
가슴에 맺힌 슬픔을 넘어서는 찰나
어제는 내가 꿈을 꾸며 보낸 시간
많은 이야기와 그리움의 때였다

2부
내 사랑하는 사람에게

마렌의 다락방에서

넥카강변 휄더린탑 뒷골목의 아주 오래된 집
3평정도 되는 다락방이 마렌의 자취방이다
나는 식탁에 앉으며 고마운 마음을 눈웃음으로 전했다

거친 통밀빵과 꿀, 버터, 살라미, 햄, 병맥주와 치즈 덩이
그리고 몇 가지 과일이 오늘의 저녁 식사다
그녀와 함께 먹는 이 식사보다 멋진 만찬이 어디 있으랴!
식탁 위에선 촛불이 펄럭이며 향기를 뿜어낸다

식탁에서의 대화는 젊음을 표출하는 상징성을 갖고 있다
시간이 흘러갈수록 주제도 다양해진다
문학, 철학, 월남전, 학생운동, 히피문화, 여성해방 등등
문학에서 시작해서 성문제로까지 이어지기도 한다

마렌의 입술엔 언제나 윤기가 흐른다
그녀에게선 입술이 제일 매력적이다
파란 눈과 하얀 피부, 짧은 갈색 머리의 마렌!
말할 때 웃는 모습도 아름답다

나는 그녀를 사랑한다고 말한 적이 없다

그렇지만 이 다락방을 밝히는 촛불에서 흐르는
촛농과 향기를 그녀는 가슴 깊이 들이마시며
내 입술을 촉촉이 적셔온다

그녀는 자신의 가정사도, 성장 과정도
선생이 되겠다는 꿈도 이야기하며
내 눈에 웃음을 넣어준다
외로움과 사랑의 갈망이 그녀의 눈에서 흐른다

이번 주말도 이렇게 마렌과 밤을 보냈다
아, 그런데 이게 뭔가? 우리가 만난 2년의 세월!
사랑인가, 우정인가
묘한 감정을 안고 아침을 맞았다

우리의 시간을 물망초로 창조한 이 공간!
그녀의 눈이 나를 빨아들이는 것 같은 묘한 느낌!
늦은 아침 식사를 마치고 우린 강가로 나갔다
아, 이 얼마나 아름다운 시간이었던가!

반세기 전의 추억이 지금도 현실처럼 다가온다
마렌도 이제는 70대 중반일 텐데…
나는 우리가 사랑했었다는 것을 이제야 알게 되었다

튀빙겐에서의 첫사랑

나는 갈색 머리칼,
그녀의 향기를 지금도 잊을 수 없다네
깊은 호수처럼 푸른 눈은
내 마음을 빨아들일 듯
언제나 웃으며 다가오곤 하지
넥카 다리 건너 기차역을 지나면
그녀의 집으로 가는 길
나 밖에 아무도 들어가 본 적 없는 곳
레나테 P., 문패 옆의 빨간 초인종

그녀의 몸 냄과 창가의 꽃향기, 전공서적들
신비롭고 아름다운 여자방의 매력
올 적마다 방안의 그윽한 향기는
나를 흥분시키듯
묘한 감정을 느끼게 하네

그녀는 북부 독일 고향 음식을 차렸고
주말엔 내 기숙사에 와서 지내잔다
그 말이 부끄러운 듯
내 눈을 쳐다보며 웃는다
기숙사는 다리 건너 30분 거리

아, 여자의 마음은 아무도 모르는 일
그저 눈에서 빛나는 정염과
웃음에 담겨 뿜어내는 입김의 뜨거움이
무언가를 전할 뿐

늘 그렇듯 만남의 떨림과 황홀함
밤이 깊어가며 방안엔 열기가 흐른다
이제쯤에는 밤 인사를 하고 나와야 하는데
그녀의 달콤한 숨소리가 놔주질 않는다
아, 이렇게 또 하룻밤이 깊어 가누나
튀빙겐에서의 첫사랑,
그 아름다웠던 시간도
이젠 추억에 묻혀 가누나!

들장미

너의 자줏빛 얼굴이 여름 햇볕에 아름답구나
너의 뜨거운 연주 볼로 내 빰을 비벼다오
여름을 노래하던 입술로 사랑을 노래하며
내 입에 꽃송이 물려다오

가을은 저물어 가고 바람마저 한량한데
너는 순애(殉愛)의 지조로 숨겨두었던 사랑의 묘약을
내 입에 모두 흘려 넣고
내 가슴에 잠겨 들어 차가운 가을밤을 맞는구나

꽃의 천사

꽃의 천사여!
원시의 내음이 항상 네 입술에 흐른다

네 꽃잎은 풍차의 날개
바람이 네게 입 맞출 때면
오늘을 전설에 묻으며 너는 살며시 윤회한다
전설은 흐르는 물 같지만
역사를 만들기도 하지
방금 네 입술에 스친 사랑도 벌써 내일로 흘러가
역사가 되었다
얼음 안개 덮인 만년설
바다에 잠겨 들며 서서히 사라질 때면
바라보는 네 눈에선 눈물이 흐르곤 했었지

너의 꽃송이 꺾이어
떨어진 땅을 네 피로 적시니
순결한 피의 송가 천상에서 울려온다

꽃의 천사여!
원시의 내음이 항상 네 입술에 흐른다

연분홍 봄향기를 뿌리며

흰 구름 사이로 내리쬐는 따사로운 햇볕
반짝이는 얼음 조각 개울물에 흘려보내고
대지를 포근히 감싸며 봄을 불러온다

봄은 포도 가의 나목이 벌인 나체의 팔에
가슴에 숨겨온 기나긴 사연일랑 안겨 주려
밤마다 몰래 찾아오는 손님이 되었다

봄은 연정 품고 불어오는 바람을 애무하며
여인의 가슴에 사랑의 입김을 불어넣었고
산골 계곡과 들판에도 생명의 씨를 뿌린다

봄은 여인을 기다림과 그리움에 설레게 하고
여인의 몸에 연분홍 봄 향기를 뿌리며
다홍치마 자락을 보선 목에 휘감겨 준다

내 사랑하는 사람에게

1.
사랑스런 표상들이 가락을 타고 율동하던 밤,
오래오래 활기를 간직하고 있던 침묵이
캔버스 위를 퍼져나가 수채화를 그리었고
당신은 그것을 검정 채료(彩料)로 쓸어버렸다

2.
침묵이, 그 침묵이
시멘트 전주 주위에서
청춘의 그림자들이
길게 쫓고 있었던 것, 그리고
새까만, 불길을 일으킨 안정(眼睛) 속에서
타고 있던 것을 나는 보았다

3.
흘러 가는듯한 보드라운 음향이
한없는 신의 호흡이
호수에 뜬 한 쌍의 백조에
쇼팽의 야상곡을 흘려보내던 때
또, 당신과 나의 혈관에 스며
터질 듯 알알이 심장과 심장을 꿰뚫던
선혈의 덩이가 뿌려져

하늘과 땅을 피로 적시던 날 밤,
당신과 나와의 대화가
아련히 흘러가고 있었던 것을
나는 뜨거운 가슴을 안고 헤매어 보리란다

4.
검붉은 휘장이 겹겹이 둘러쳐
대지에 신의 손길이 뻗치던 날 밤
영원한 시간의 초점은
파리한 가스등 속에서
불꽃을 튀기고 있었다
잿빛이 깔린 문명에 도취된 채
눈웃음을 띤 얼굴을 반짝이게 하던 마력,
촉촉이 적셔진 금발 위에서
머얼리로 차일을 뚫고 지나고 있던 것이
나에게 지금도 전율을 던진다

5.
당신의 입속에서 꺼지는
활화산의 매력을
지금 당신은 나에게 불어넣어주었다

6.
이 반짝이는 희열을 분화구에 던지고
가락을 타던 가희의 손가락,
나의 심장을 갈가리 찢어
유난히도 나의 마음을 고적하게 한
하얀 이빨을 드러낸 웃음이
사색에 잠기는 자유를 나에게 맡겼다

7.
어느 한때 당신은
"인생은 고독한 존재일 수밖에 없다"라고
나의 귓전에 속삭였고
'긍정과 부정'이 교차되던
즐거운 심포지엄을 벌려
한 밤을 지새웠다
아! 얼마나 청춘의 희열이 솟아나던
밤이었는가를…

* 『연세춘추』, 1963. 6. 3. 4면.

A Song of Lamentation

While passing through this vale of tears,
No one treads the paths of glory!

On this chill evening,
A cricket chirps between the stones,
Makes me a companion of the stars:
The paths are drear
Along the banks between the fields.

Against the sky,
A falling star fading sparks.

Nobody knows where;
A babbling brook breaks
Into the silent night.

By the grass roofs on the hill
Passes the evening train.
Feebly the sound of whistle dies away.

I stand, lost in thought;
The wind chills my face;

I can not stifle my tears.

- *The Yonsei Annals*, January 21, 1963, p. 4.

Autumn's Emotion

So calm on all sides slips
To spread with autumn-tints!
   For my heart to be sad,
Penetrating into my glows,
   The autumn's emotion with gold,
So sharp, my bosom flows.

Moon-light on the ripplet white,
Floating on the lakelet sweet,
   Fair is fellows with me above
Burn your love then violently,
   Say so as to think of love!
My darling, pretty! happily.

See yours in the even-sky!
She whispers in your ear, lonely:
   Life makes a man tearful:
Man has a host of memories,
   Love but one, dear! in full,
Vainly in her mind lives.

– *The Yonsei Annals*, October 7, 1963, p. 4.

소라

가신님 오려나
설렌 맘으로 남몰래 찾아온 바닷가
모래 위에 남겨진 발자국
파도는 미련 없이 지워버리네

해무가 바다를 삼켜버린 밤
밀려오는 외로움
몸 뒤척거리다 밤 새웠는데
아, 이게 뭐란 말인가!

하지만, 나에겐 내일도 있어
밤이 지나면 새날도 오나니
내겐 진주의 꿈이 있다네

추모공원의 겨울

앙상한 나뭇가지 사이로 산바람이 불어온다
영혼 구원받고 천당에 들어간 기독교인들
사바세계 떠나 극락왕생한 불자들
성군, 성인, 득도한 도인, 온갖 사람들
부귀영화 누리며 허세 부리다 허망이 세상 떠난 사람들,
피지 못한 꽃이랑 할미꽃도 함께 모인 사자의 공동체
고해의 세상 버리고 찾아간 안식의 고향
거기에도 겨울이 오는가!

누군가의 봉안묘 비석에 씌워진 바람막이가 펄럭인다
나와 딸만 오늘은 이곳에서 생과 사의 경계선을 밟고 있다
땅속에선 이 추위도 모를 텐데
겨울바람에 뺨이 에는 듯하니 눈물이 고인다

산자는 고뇌의 바다를 헤매며 북망산으로 향해 가고
죽은 자는 평안의 초원을 지나 안식처에서 쉬고 있다
이렇게 인생은 생사를 어깨에 메고 가고 또 가지만
모두 한 곳으로 모이니, 이곳이 흙이 아닌가!

그리고 아무 말이 없었다

내가 너를 처음 만났을 때
나는 너무 떨려 아무 말도 할 수 없었지
네가 돌아간 후에 후회한들 무슨 소용 있으랴
참 바보스럽군!
나는 며칠 몇 날을 바보로 지냈네

내가 너를 다시 만났을 때
너는 나를 보며 엷은 미소를 지었지
화사한 네 얼굴엔 장미꽃이 피었어
나는 네 손을 잡으며 무슨 말인가 했는데
가슴이 너무 떨려 기억조차 할 수 없네

너는 나를 떠나며 아무 말도 하지 않았어
애절한 눈으로 나를 보며 눈물만 흘렸지
창백한 네 얼굴엔 백합화가 피었어
나는 너의 찬 입술에 입을 맞추며 말했지
이렇게 나를 떠나려는가

그리고 아무 말이 없었다
우린 이렇게 헤어졌지!

겨울 서재

햇살이 쏟아지는 창가의 책상 두 개
벽마다 천장에 닿도록 쌓인 책과 책
오랜 시간을 나와 함께 해온 친구
밤늦도록, 때론 밤새며 우린 논쟁도 했지

네가 있어 나는 언제나 행복했다
너의 헌신으로 나는 오늘을 만나며
오늘도 너와의 대화로 원고 한편을 채웠다
시간도 장소도 초월해 나는 너를 품는다

겨울이 가면 우리에게도 봄이 오겠지
때론 오는 시간이 나를 슬프게 하기도 한다
얼마 있으면 나는 너와의 추억만 가슴에 담고
떠나야 하는 슬픔에 밤 베갤 적시곤 한다

몽 셰리

달콤 쌉싸름함으로 너는 나를 즐겁게 했지
입에 가득 채워진 향기로 너는 나를 행복하게 했지
네 몸을 내 안에 넣으며 너는 나를 유혹했지
네 몸을 내 안에서 녹여가며 너는 나를 황홀하게 했지
그리고 절정의 순간
네 몸의 처녀수 내 입에 흘려 넣어 나를 몽롱하게 했지
그리고 너는 내 몸 안으로 사라져 나를 중독시켰지
이젠 너의 달콤 쌉싸름한 유혹도 과거가 되었네

마지막 선물

석양의 노을이 창가로 길게 스미며
책 내움 짙게 채워진 서재 한편에 드리워지고 있던
그 여름의 7월!
힘겹게 숨을 내몰아쉬던 그대가
나의 다급한 목소리에 눈물이 그렁한 눈으로
나를 애잔하게 쳐다본 게 우리의 마지막 눈맞춤이 되었네요
그대와 나의 사람살이가 끊어지던 그 순간의 헤어짐이
아직도 나의 마음속에서 멍울져 아려옵니다
마지막 숨을 내몰아쉬며 떠나는 그대의 모습
우리의 만남이 이렇게 끝맺음되는 순간
그리고 그 순간에 밀려오는 공허감
나는 잠시 나 자신을 잊어버렸어요
마지막이라고 정말 마지막이라고
말하기 싫어도 그 순간을 벗어날 수 없는 것이
생명의 천리이기에 먼 길을 떠나는 그대에게
무언가를 주려고 아무리 찾아보아도
나는 더 이상 아무것도 줄 것이 없어
빈손으로 그대를 보내게 되었어요

"잘 가세요!"
내 맘에 메아리치던 이 헤어짐의 속말

그 순간의 엄숙함에 말을 잃은 난
무거운 침묵의 흐름 속에서
그대의 손을 꼬옥 잡고 이 말만을 되뇌었는데
지금부터는 아름다움이 연년이 쌓여 신화화된
우리만의 추억 속에서 그대와 속삭일 거예요
우리가 함께 엮어왔던 삶의 이야기를
싸늘해진 그대의 뺨에
나의 입술이 온기를 채워 넣으며
"사랑했어요!
그리고 훗날 그곳에서도 영원히!"
이 약속의 속삭임과 미소를 머금은 그대의 입술에
나의 입김을 넣어 생기를 전해주며
마지막 입맞춤을 보낸 것
이것이 나의 마지막 선물이 되었네요
아직도 그대의 차가운 입술이
나의 체온으로 따뜻해지는 것처럼 느껴지는 그 감정
나의 몸에 엄습한 그 차가움의 전율!
어느 날엔가 우리가 만나게 될 텐데
그때에는 그대가 나를 안아주며
잘 있었냐며 입 맞춰주세요
다시 만날 때까지 안녕!

지평선

초원 저 멀리
하늘과 맞닿은 선상 위에
직선처럼 그어진 지평선
하늘이 땅에 입맞춤하고
땅이 수줍어 입만 벌리고 있는
지평선 선상은 천지의 꼭짓점
그 위에 무지개까지 걸치면
신토불이(神土不二)[2]의 걸작품이
창조주에 의해 연출된다

아아 얼마나 많은 성직자가
천지창조의 바른 가르침
창조주의 참 뜻을
이 표출된 계시에서 깨달을 수 있을까?

---

2) 신(神)·토(土) 간의 포괄적인 관계로 천·지·인을 관조하는 세계관

자연을 보며

해는 어두운 곳에 빛으로 찾아오는데
인간은 빛에서 어두운 곳으로 찾아간다

물은 낮은 곳으로 흘러 바다를 이루는데
인간은 높은 곳으로 오르며 외톨이가 된다

땅은 용암을 흘려보내 산을 높이는 데
인간은 산을 파헤쳐 흉물스레 조각낸다

인간은 우주를 볼 수 있다고 자랑하지만
자기 자신의 앞을 볼 수 있는 눈은 없다

자연에서 진리를 찾을 수 있는 자라야
인생의 참 진리를 깨우칠 수 있으리라

하모니카

24개 입으로 내 입술에 입 맞추며
들숨 날숨 애절한 노랫가락
내겐 사랑했던 연인이 많았지만
너만큼 내 입술을 뺏은 연인 누가 있으랴
너의 숨소리, 내 귀에 가냘픈 사랑의 고백
너의 숨소리 그리워 오늘도 나는 네 입술을 찾는다
오늘도 우리는 사랑을 노래하자
아 이렇게 우리의 사랑은 공기를 가르며 귓전에 흘러든다
끊어질 듯 이어지는 너의 숨소리에 나는 몸이 저린다
내가 너를 사랑하기에

휴양림에서

서쪽은 등산로 동쪽은 산책로 나눠진 갈래길
잡목들 사이로 보이다 숨겨진 오가는 군상들
한가한 발걸음 석양을 등지고 꽃길에 멈춘다

산바람 불어와 은빛의 갈대밭 이어서 춤추고
가녀린 수채화 단아한 모습이 적막에 덮인다
길가의 들꽃들 해맑은 얼굴로 여인에 안긴다

좌우로 갈리고 동서로 나눠도 정해진 갈래길
바람에 갈대가 좌우로 쏠려도 꿋꿋한 제모습
존재의 이치를 표출한 자연을 인간은 배워라

그대여 이곳의 산소를 양폐에 가득히 채우고
활력소 되찾아 하산길 가볍게 달려서 가세나
자연의 교훈을 마음에 되새겨 담으며 힘차게

문방사우

지필묵연(紙筆墨硯)
중학교 한문 시간의 추억이 떠오르곤 한다
인자하신 선생님의 가르침은 내 삶을 조타(操舵)했다
나는 넓고 깊은 세계에 몰입하는 기분이었다
종이, 붓, 먹, 벼루
인류의 문화가 꽃을 피울 수 있었던 도구들

201711200920, 시부문 신인작품상 당선!
내가 문학동우회에 일원이 되는 순간이다
이렇게 해서 나는 내 방을 차지할 수 있었다
시인, 수필가, 소설가, 문학평론가
한 지붕 아래서 상생할 나의 문방사우
나는 저들과 함께하며 글쓰기에 도취하여간다

지나간 세월을 살려내고 지금을 노래하며
아직 오지 않은 내일을 꾸며보는
그래서 환상에 멋을 풍기며
가끔은 돈키호테도 되고
회전목마를 타고 돌아가는 세상을 그려본다
인생, 우주, 사랑, 이별, 죽음, 추억, 우정…
동이 트려면 아직 밤이 길지만
글쟁이의 밤은 가지 않는다

나의 문방사우!
우리는 언어의 사기꾼인가, 언어의 마술사인가?
상상을 참인 듯 지껄이며 기념비처럼 착각하는
환상을 가시적 현상으로 실재화하기도 하고
없는 것을 있음 직한 현실로 가공해 내놓기도 하는
인생 자체가 있는듯한 없음의 실재인데
사는 것 자체가 삶인듯한 무상인데
무엇을 괴로워하며 순수를 찾으려 하는가
그래도 우리는 열심히 글을 만들어 가며
참 있음이란 있는 듯한 없음이며
없음이 삼라만상의 참 있음임을
계속 외쳐대지 않았던가
친구들이여!
우리는 그냥 글쟁이로 내일도 맞이하세!

그대는 무엇을 가지고 저승길 가려나

우주 공간에서는 티끌보다 하찮은 존재라지만
엄마 뱃속에서는 우주보다 귀한 생명체였는데
고뇌의 짐 지워 세상으로 내밀리며 나는 울었네
이 많은 짐을 지고 어떻게 살아가라는 건가!

탄생의 순간에 내게 지워진 무거운 짐 덩이들
짐 내려놓고 잠시 쉬어가다 길 잃고 헤매기도
때로는 짐에 눌려 숨 막힐 듯 고통스럽던 순간
이것이 나의 운명이며 내가 가야 할 길이라는데

산 넘고 강 건너 초원에 이루면 쉴 곳도 있지만
고해의 인생길에는 쉴 곳조차 주어지지 않으니
삶의 운명은 언제나 무거운 짐이라는 것이네
이 어찌 우리가 벗을 수 있으며 피할 수 있으랴

태어나며 시작되는 아귀다툼, 늙음, 질병, 죽음
인생의 생로병사 과정 자체가 떠넘겨진 짐 덩이
어느 누군들 인생의 길을 짐 벗고 갈 수 있으랴
짐이 벗겨질 때는 눈감으며 안식을 취할 순간뿐

짐을 벗으려 아무리 애써도 시지프스 같은 인생
짐 속엔 희로애락도, 행복도, 영생의 소망 등도

짜릿했던 사랑과 아름다운 만남의 추억도 있으니
나는 짐에서 보석 같은 것만 갖고 저승길 가려네

위선자의 초상화

세상은 우리를 속이지 않지만
자네는 웃으며 우리를 속이고 있어
독사의 혀와 승냥이의 이빨을 숨기고
만면에 위선의 웃음을 흘리면서
하지만 우리는 자네에게 속아주고 있는 걸세

자네는 위선의 가면을 쓰고 살고 있는데
이중 인격체로 살다 세상을 마치려는가
교만과 거만, 위선과 가식이 자네의 실체이긴 하지만
그것이 자네의 몸을 갉아먹고 있는 걸 모르는가
언제쯤 위선자의 탈을 벗고 진솔한 인간이 되려나

자네가 입만 벌리면 풍기는 송장 썩는 냄새
까마귀 떼만 새까맣게 몰려와 쪼아대고 있으니
어느 누가 자네에게 다가가려 하겠나
참빛을 가리고 있는 자네 곁엔 어둠만 드리워져 있네
보게, 자네의 초상화에 누군가 회칠을 하고 있네

3부
구름 속 초상화

침묵의 언어

지껄임에는 허탈과 무기력이 뒤따르곤 한다
시간을 잃어버렸으니 후회한들 무엇하랴
나는 침묵의 언어로 나 자신과 대화한다
침묵이 나에겐 마음을 안정시켜주는 동반자
침묵으로 나는 무료한 시간을 메워가기도 하고
때로는 지금 어디 있는지 알 수 없는 친구들과도 만나고
나와 뜨겁게, 간혹 미적지근하게 사랑했던 연인들과도
때로는 추억의 사진첩을 넘기며 과거의 나와도 만나며
이렇게 나는 만남이 필요할 땐 침묵의 언어에 빠진다
고독한 시간에 만나는 침묵에선 그녀의 장미꽃 향기를
비 오는 날에 만나는 침묵에선 그리움에 서글픔을
겨울밤에는 설중매의 고고한 자태에 도취하며
나는 침묵 속으로 빨려 들어가곤 한다
침묵의 언어는 인생의 참을 진솔하게 전해준다
지껄임은 가끔 너와의 관계를 단절하지만
침묵의 언어는 언제나 시공간을 초월한 만남을 나에게 안긴다

잠

하품하는데 눈물이 고인다
언젠간 죽기 싫도록 영원히 잠잘 텐데도
깨어있을 시간마저 잠자고 싶어지니
잠은 참 신기롭구나
시간에서의 잠!
영원에서의 잠!
잡념이 꼬리를 물다 보니
잠이 새벽으로 도망가버렸네
그래도 잠잘 시간인데
전등은 꺼야지!

‘Me Too’ 사회

문 앞엔 봄이 왔는데
밤 기온은 영하 12도를 오르락내리락
한파와 눈 폭탄이 겨울을 놔주지 않는다

지구를 병들게 하는 엘니뇨와 라니냐
덧붙이면 산업화의 찌꺼기들 때문이라는데
이젠 인간의 심상에도
이성의 빛에마저도
이상 기류가 흘러 정신이 병들어간다

인간이 점점 괴물로 진화하고 있는 것인가
권력이 여성을 성 노리개 정도로 대하는 버릇
권력층의 성 놀이를 호탕한 기질로 묵인해 온 사회

여검사들이 ‘Me Too’의 횃불을 들었다
권력에 맞서는 용기가 대단하다

시인 최영미도 ‘Me Too’의 노래를 불렀다
“똥물”을 쏟아내는 ‘괴물’을 잡겠다는
노래가 함성이 되어 산울림으로 되돌아온다
Eros와 pathos는 시의 신성한 동인이거늘
이를 발정기 수캇처럼 몸으로 뭉개며 찾으려나

"En이 노털상을 받는 일이 정말 일어난다면
이 나라를 떠나야지…"
여류 시인의 패기 역시 위대하다

성 상납에 시달리다 자살한 여배우
'나는 당했다!'라고 외칠 작은 힘조차 없어서였을까
아니면 시달림에 심신이 찢어지고 아파서였을까

괴물의 욕정이 꿈틀대는 동물의 우리 같은 곳
'나도 당했다'라는 'Me Too' 사회가 언제쯤 사라지려나
'아름다움이 인간의 양성'에서 동일시되는 사회
언제쯤 '美 Two' 사회가 봄바람에 꽃을 피울까

냉한에 꽃눈이 얼지는 않았으려나
봄이 꽃소식을 안고 산 아래로 내려올 때면
나 혼자만이라도
'美 Two' 꽃향기 맡으러 꽃맞이 가련다

신토불이(神土不二) 환상곡

제1악장: 존재와 무

없음에서 있음은 없을 터
있음에서 있음도 없을 터
있음이 없음에서 없음이 있음에서
아, 존재는 이렇게 시원의 신화로 탄생하누나

신화는 하늘과 땅이 엮어져 가는 과정의 서사시
종교는 창조주와 피조물의 하나 됨을 신앙화하는 서정시
존재의 흐름은 이상의 장엄한 몸짓
이렇게 너와 나도 하늘이 되고 땅이 되었네

제2악장: 천·지·인의 합창

하늘이 있고 땅이 있고
그곳에서 인간은 더불어 살아가네

하늘은 창조주의 구현된 실체
피조물은 흙의 원소
존재하는 실체로서 흙이 아닌 게 무엇이랴

사람마저 흙으로 창조되어
흙으로 돌아가는 흙덩이

천과 지가 하나로서 세계이니
다르면서 같은 존재
천인 '하나', '한울', '하늘'에 님을 붙여 의인화한 것
이것이 곧 신(神)일세
지는 만물의 원소며 흙 곧 토(土)
천과 지, 이 둘은 같으며 하나이고 하나같은 두 실재
인은 천의 피조물, 토 그 자체
천·지·인이 셋이며 하나인 게 비의(秘義)의 절정일세

신토불이(神土不二) 환상곡
아, 하늘이며 땅이여
신이며 토여!
천·지·인 삼원일체의 노래
말과 글이 없었던 태고에도 신화는
신토불이의 실재를 경외했고 찬양했네
종교는 믿음으로 신앙화하며
천·지·인의 신성함을 장엄하게 합창하네

제3악장: 여명의 아침이여

과학은 있음에서 있음을 증명하지만
종교는 있음이 없음이며
그 없음이 있음에서 있음임을 교의 하니
그게 신앙이네

나는 묵상 기도 때
신토불이 환상곡에 취하곤 한다네

밤이 되면 아침이 오는 것
여명의 빛은 하늘을 깨우고
대지에는 생명의 기운이 퍼지고
너와 나의 삶은 천지의 조화로 이어져
날마다 이어가며 하늘이 되고 땅이 되고
이렇게 만물은 생성소멸의 과정으로
창조의 신비를 표현하누나

아, 아침이여!
여명의 아침이여!
오늘도 우리에게 생명의 빛으로
신토불이의 비의를 노래하라

제4악장: 흙에서 흙으로

흙먼지 바람 타고 휘몰아쳐 대지를 뒤덮고
빛마저 가려져 하늘도 흙으로 보이누나

인간은 만물의 하나
그중에서도 가장 힘이 약한 듯 강한 존재며
하늘과 땅의 성혼(聖婚)의 씨앗
인간이 하늘이고 땅이며
천·지, 그 자체인 것을 너도 알고 있으리

흙으로 빚어진 토기인 인간
하늘을 담고 있는 질그릇인 인간
아아 인간이 이처럼 그 자체로 우주인 것을
천이고 토인 것을 누가 부정할 수 있으랴
천지를 진동하는 합창의 장엄함
너와 나의 노래가 되어 메아리친다

너도 흙이니 흙의 찬가로 너 자신을 노래하라
나에게도 흙으로 돌아갈 시간이 오고 있으니
너와 나, 우리의 본향인 흙
흙에서 흙으로 돌아가는 고향길은 창조의 신비

하늘도 흙이고
땅도 흙이고
사람도 흙이니
흙이 아닌 존재는 존재하지 않는 것

'흙에서 흙으로'의 고향의 노래가
엄숙하게 흐른다

없음에서 있음은 없을 터
있음에서 있음도 없을 터
있음이 없음에서 없음이 있음에서

신토불이 합창이 하늘과 땅을 울리며
너와 나에게
우리에게 영원의 빛을
영광의 빛을 가슴 깊이 채워오누나

아, 환희의 빛이여
신토불이의 새 세상을 열어라!

우렁찬 갈채, 갈채, 갈채…
막이 내린다

애수의 노래

가을비는 그리움 되어 낙엽을 적시고
낙엽은 추억을 곱게 담아 오솔길 덮고
내 마음은 당신 생각에 촉촉이 적셔져
눈가에 맺힌 이슬이 당신을 그립니다

비에 젖은 나목은 바람에 몸 떨며
애수의 노래를 가을비에 실어 보내고
나는 우리의 사랑을 빗소리에 싣는다
당신은 영원히, 영원히 내 맘에 있어요

와서 연 맺고 가는 게 인생이라지만
사랑했던 시간의 흔적만은 남겨지는 것
내 맘에 차곡히 쌓여있는 당신 흔적들
이 세상 떠나갈 때도 가지고 가렵니다

나는 있다

1.
나는 있다
그래, 없다고는 안 했지
그런데, 있게 된 것은?
생각하기 때문에?
사랑하기 때문에?
존재하기 때문에?

2.
친구여!
있고 없음의 이원론을 믿는가?
참이란 말로는 설명되지 않는데
다만! 나는 있다
그건 진화론의 가설일 뿐
나는 있다는 나는 있다
스스로 있음인데 그건 신일 테지
나는 있다는 나는 있다
하지만 나는 본 적이 없네!

커피

아침 식사 때
손에 먼저 잡히는 건
향 짙은 커피 잔
"커피는 몸에 해롭다!"
"커피는 심장에 좋다!"
오늘은 커피를 마실까 말까?

마음엔 갈등
그런데 어느새 목은 커피를 넘긴다
1950년대 아버님 드실 때
가끔 마셔본 게 65년 되었네
이젠 고향 같은 친구로 만난다
하루에 두세 번 정도…

동백

겨울이 가고 봄꽃들 이어 펴도
겨우내 눈꽃과 벗했던 가지에
찬바람 맞아가며 핀 자줏빛 동백
4월의 꽃답게 그 자태 고고하네

동백의 숲에 누워 가지 사이
저 하늘 화폭에
그대와 나의 이야기를
그리며 함께했던 나날의 시간

그 시간이 지나가고
그대는 영원의 품으로 돌아갔지만
내 맘이 투영된 그대의 초상화는
무슨 말을 할 듯 나를 보고 있네

아침마다 나는 그대를 보고
그대는 나를 미소로 맞으며
우린 이렇게 하루를 열지만
애련한 그리움에 내 맘은 적셔지네

경건한 시간, 거룩한 공간에서
전설이 되어 피고 지는 자줏빛 동백

숙연한 모습이 내 맘을 아리어
말없이 그대를 보고만 있네

꽃길 사이로

파란 하늘을 쳐다보니
당신이 웃으며 다가와
묵언으로 나눈 우리의 이야기가
전설이 되어 구름 너머로 멀어져 가네요

구름이 머물다 가는
산을 쳐다보니
나에게 오고 있는 당신!
그리움이 차여있는
애조 띤 얼굴에
외로움의 여운이 드리워있네요

창밖의 꽃길 사이로
아네모네 한 송이
눈물 머금은 애틋한 눈빛으로
나를 보며 오려고 하는데…
언젠가는 헤어짐 없는 만남이
우리만의 시공간을 채워주겠죠

꽃잎에 얹혀있는 작은 물방울

꽃잎에 얹혀있는 작은 물방울
바람이 꽃대를 스칠 때마다
떨어질 듯 구를 듯 아슬히 붙어있네
하늘과 해와 구름을 품고
대지와 숲과 어둠도 안고
나까지 맘에 넣고 반짝이던 너
해가 중천을 지날 즈음
넌, 꽃향기만 채워 담고
조용히 떠나버렸지

나마저 남기고 가야 하는 네 갈길
아쉬움과 석별의 눈물인 듯
내 눈에는 이슬이 맺혀오누나
네가 홀연히 떠나간 후
엄습한 외로움과 스며오는 그리움
난, 웃음도 잃고 말도 잊어버렸다네
만남은 헤어짐으로 끝난다지만
너 떠난 꽃밭에 스밀고 있는 적막
석별의 한이 내 몸에 휩싸인다
나와 너를 갈라놓은
시간과 영원의 협곡
꽃잎이 떨어지면 건너게 되려나

구름 속 초상화

소나기 한차례 지나가고
하늘엔 구름이 피어오르듯
솟아오르는 형상으로
구름이 밀려오고 흩어져
푸른 화포에 수채화를 그린다

수려한 산봉을 그렸다가
거기에 계곡을 덧그려 채우고
계곡을 지우고 협곡을 그리고
그마저 지우고 또다시 그린다
다음엔 무슨 그림을 그릴지

흩어져 새털구름이 되어
산 능선 넘어 사라진 구름
그 뒤를 이어 푸른 화포엔
온갖 형상이 이어 그려져
구름의 조화가 명작이 된다

초현실주의 작품들
아방가르드 조각상들
구름 산책으로 감상한
숱한 장르의 걸작들이

잠시나마 나를 정화한다

나는 구름과 구름 사이의
하늘빛 엷게 섞인 구름에서
너의 초상화도 보았다
어깨까지 드리워진 생머리 모습
애절한 그리움이 인상된 얼굴

하늘이 회색으로 덮여와
더는 구름 산책을 할 순 없지만
구름 속 초상화로나마 너를 만나러
흰 구름 하늘에 그림 그릴 땔
난 매일 기다리련다

나는 어디로 가야하나요

인생의 여정에 혼자 남겨진
나는 어디로 가야하나요
인생행로를 같이 헤쳐 왔던
당신이 홀연히 떠나갔으니
이제 나는 무엇부터 해야 하나요

내 가는 길은 아득하고
길 앞엔 혼자 넘기 벅찬
장애물이 놓여 있는데
당신과 동행하지 않고서
어떻게 그 길을 갈 수 있을까요

어둠이 나를 휘감아 덮고
냉기가 내 몸에 파고들어도
나는 어둠도 냉기도 견뎌내며
내 길을 가려 하지만
내게는 모든 것이 힘겹습니다

나 혼자 어떻게 인생의 벼랑을 타고
험준한 산의 바위 골짜기를 넘으며
엑센 물줄기 소용돌이치는 강을 건너
우리가 꿈꿔왔던 소망의 토대를

일궈갈 수 있겠습니까

밤에는 별을 세다 잠들고
닭의 횃소리에 잠 깨어 여명을 맞자던
소박한 우리의 꿈도 신기루처럼
환상의 실재(實在)로 내게 다가와
나를 좌절감에 허탈케 하네요

우리에겐 꿈이 많았는데
서로 끌고 밀며 꿈을 향해 달렸는데
바퀴 빠진 자전거 같은 지금 나,
이제 나는 어떻게 달릴 수 있을까요
이게 나에게 던져진 숙명인가요?

꿈길에서

장미 정원 거닐며 당신을 생각합니다
손잡고 다니곤 하던 낯익은 꽃길
장미 넝쿨 아래서
쉬어가다 입 맞추다
사랑을 나누곤 했던 곳
당신과 함께 심어놓고
물 주곤 하던 그 장미꽃
지금 시들어가고 있네요
벌레들이 줄기 타고 올라와
꽃잎을 갉아가고 있어
장미꽃 빛을 잃고 고개 숙이고 있네요
마지막 꽃잎 몇 개만이라도
내 몸에 품고 싶어
벌레들 떨구려 꽃대 흔들다
가시에 찔려 잠을 깼는데 꿈이었어요
내 옆에서 자고 있는 당신!
발그레한 장미꽃!
물 한 모금 마시고
다시 잠을 청하다
새벽을 맞았어요

당신의 향기

창문 밖 풍경은 평온한데
내 맘은 왜 이리 서글픈가!
소나기 한차례 지나가고
꽃잎마다 머금은 빗방울
햇빛에 수정처럼 영롱이는데
내 맘엔 아직도 비가 나리네

당신을 한 줌의 재로 묻던 날
고통 없이 간 것도 복이라며
애써 아이들 위로했지만
내 맘은 어떻게 위로되나요?

폐암이 당신의 뇌로 뼈로 전이되어
수술도 방사선 치료도 할 수 없고
표적치료제 한 알씩을 복용하며
반년 정도 시한부로 살아야 한다는
주치의의 판정을 전해 듣고
나는 잠시 넋을 잃었어요
일생에 처음 겪은 망아(忘我)의 순간!

당신의 생명이 하루씩 줄어들고 있는데
내가 할 수 있는 것은 기도뿐이었으니

때로는 나 자신이 원망스럽기도 했어요

하지만 하루하루가 쌓여가며
반년이 5년으로 이어졌으니
이 5년은 우리 생애 최고의 나날이었소

몸을 뒤척이다 눈을 뜨면
나는 습관처럼 잠자고 있는
당신 얼굴을 내려다보며
당신의 하루가
숨소리로 연장되기에
내 가슴은
신성한 비의(秘義)[3]에 떨리곤 했어요
당신에게 감사하며 환희에 벅차

창가에는 각가지 양란들을 매달아 놓고
가늠죽, 선인장, 고무나무, 행운목과
나로선 알 수 없는 관엽식물들은
꽃밭 주변에 놓아 운치를 더하며
발코니를 자연의 숲으로 가꾸었던 당신
당신이 사랑했던 것들

---

3) 비의(秘義): 쉽게 드러나지 않는 은밀한 뜻

당신의 손길이 닿는 곳마다
생명의 조화는 자연의 축소판이 되었죠
자연을 사랑하고
마음에 자연을 품고 살아왔던 당신
지금은 당신이 자연으로 돌아갔네요

우리가 함께할 날들이 점점 짧아지며
당신을 보고 있는 눈에는
이슬 같은 눈물이 고이곤 했어요

때로는 나 스스로 죄책감에 괴로웠어요
우리가 서로 사랑하며 지내온 46년은
나에게 헌신한 당신의 생애였어요
당신은 걷기 불편한 나의 발이 되었고
내가 어디를 가려하면 만사를 제쳐놓고
새벽이든 늦은 밤이든 동행했었죠

당신이 떠난 후 내 맘에 밀려오는 공허감
때로는 나 자신마저 잊어버리곤 했어요
내가 나를 의식하지 못하는 초극의 순간들
비존재감에 휩싸이곤 했던 무아의 순간들
어제나 오늘이나 그런 순간들이

점점 나의 삶이 되어가네요

하루에도 당신 사진을 수없이 보건만
날이 갈수록 그리움은 더해갑니다

70고개 못 넘긴 당신의 삶!
그러나 당신은 복 받은 사람이었소
암환자에 좋은 음식을 직접 만들어
매주 가져온 홍제동 올케
아침마다 한 시간씩 기도해준 동서
성당에서, 교회에서 기도했던 친구들
신선한 공기를 마셔야 한다며
화요일마다 산속 별장에 데려가
온종일 자연에서 지내게 한 친구
십자매로 결속된 친구들의 우정
정기적으로 만나는 여러 모임의 친구들
철철이 별미 음식을 해오는 친구
보양식을 만들어 오는 친구
기분전환 시켜준다며 강변 카페로
분위기 좋은 숲 속의 양식당으로
산자락의 무공해 토속 음식점으로
매일 당신의 일정에 맞추어

시간을 내어준 친구들
당신에게 주어진 5년은 복된 시간이었소
그 시간의 삶에서 당신은
가족들과 친구들과 여행도 하고
휴양림에서 몇 날씩 머물기도 하며
그렇게 바쁘고 즐겁게 살았어요

4년이 지나자 1년만 잘 견뎌내면
임상적 완치 판정을 받는다며
온 가족이 설렘의 나날을 보냈는데
표적치료제 약효가 떨어지고
뇌에는 암세포가 여러 개 생겨나고
감마나이프 시술도 어떤 치료도
의미가 없다는 주치의의 최종 진단
그러나 우리는 최후까지도
희망의 끈을 놓지 않았어요

당신은 암을 다스리며 오기로 산다고
초연한 모습으로 말하곤 했었는데
암 완치 판정의 한계선인 5년을
100일 앞두고 우리 곁을 떠났으니
나의 허망한 맘을 무엇에 비기리오!

가끔 아이들에게 넋두리처럼
엄마 대신 아빠가 갔으면
너희들이 편했을 텐데…
이런 말을 했다가
아이들 표정을 읽고는 머쓱해지곤 했어요
하지만 이 마음은 나의 진심이에요

당신이 떠난 지도 1년이 되었네요
아직도 우리 침실은 그날 그대로예요
당신의 향기가 방안에 스며있어요
침대 머리맡에는 당신 사진 두 장이
그 옆에는 당신이 쓰던 화장품들이
내 옆 당신의 베개에서는 지금도
당신의 체취가 배어 나오고 있어요
당신의 손길이 닿았던 모든 것이
있는 그대로 그곳에 있는데
곳곳에 당신의 흔적도 그대로인데
당신의 자리만 비어있네요

당신은 돌아올 수 없지만
나는 당신의 사진을 보며
눈빛으로 당신을 만나기도 하고

당신과 지내 온 시간을 떠올리며
슬픔도 기쁨도, 그리움과 애절함도
마음속에 삭이며 나날을 보내요
시간의 흐름에서 벗어난 당신
인생의 번뇌에서 벗어난 당신
기리 살며 편히 쉬소서!

영원한 생명!
영원한 안식!

나의 가을에

내 인생에 가을이 오면
나는 마지막 낙엽을 책갈피에 곱게 넣어두겠어요
겨울이 되어 밤이 깊어지면
촛농이 흐르는 촛불 아래서
곱게 물든 낙엽에게
가을이 좋았냐고 물어볼 거예요
눈이 새록새록 쌓여가는 날에는
책갈피 속 낙엽에게
같이 있었던 날들의 추억을 들려줄 거예요

봄이 되어 얼음물이 개울에 흘러가고
잎새가 새순을 틔어도
나의 낙엽은 고운 색깔을 묵향에 담아
나의 마음에 오랫동안 여운 질 거예요
여름이 되고 7월의 싱그러운 날에는
지난가을의 낙엽에
인생의 촌음을 속삭이며 입맞춰주겠어요
어느 가을 내가 낙엽이 되면
그때 나는 바람을 타고
저 먼 창공으로 당신을 찾아 떠나겠어요

추억만 남기고 떠난 그대여!

봄바람 차가워도 해 걸린 하늘 보며
그대 만날 설렘에 옷 뽑아 몸 꾸미고
떠나갈 채비하는데 맘은 벌써 달려가네

추억만 남기고 그대 나를 떠나갔지만
추억인들 내 아픔 대신할 수 있으랴
해지니 상석 위에 올린 꽃마저 애처롭구나

시간과 영원의 교감

하늘이 열리고 땅이 펼쳐지며
시원의 창세는 당신과 나를 삶의 연으로 묶어주었고
우리는 사랑하고 존중하며 서로 행복을 나눴죠
나는 당신을 만나며 당신에게서 나 자신을 찾았고
나 자신의 원형을 발견했습니다
지상에서의 당신과 나,
우린 마음과 마음을 섞어가며
태고의 소박함을 우리의 삶에서 연연이 이어가며
그렇게 한 세상 살았고
서로가 서로에게 자신을 내어주며 사랑했습니다

시간의 숙명에 우리는 잠시 노예가 되었습니다
인생의 한 세상은 영겁의 순간일 뿐
지금 나는 영원의 삶을 누리고 있습니다
세상에 있는 동안 죽음 이후의 삶
내세의 존재에 대해
천당, 낙원, 극락…
그리고 영원히 사는
종교의 진리를 믿었고
육신을 벗어난 지금 나는 영원의 지경에서
빛처럼, 별처럼 존재하고 있습니다

육신의 한 세상은 정말 너무 짧아요
백세를 산다고 한들
영원의 한 순간보다 더없이 짧은 찰나
홀연히 떠난 내가
당신에게 단장의 슬픔을 남겼지만
당신의 마음
비애의 아리움을
나는 밤마다
밝은 빛으로 감싸며 속삭이고 있어요
나도 사랑한다고
아려움을 안고
지금도, 아니 영원히-
사랑해요!

고독

당신이 떠나가고
내게 밀려오는 허전함
그리움에 나의 몸은 떨렸어요
양지바른 추모공원
당신 뼛가루 묻던 곳
영결의 순간
당신의 침묵은 내 맘에 속삭였어요
홀로 남겨진 삶
골몰히 음미하며
소외된 생명체, 나
내팽개쳐진 듯 대상화된 나
슬픔을 삼켜가며 눈물을 훔쳤건만
고독은 장미꽃 가시가 되어
나를 아리게 합니다

고독!
만년설 같은 하얀 차가움
구절초 같은 쓴맛 속마음
젊어선 문학적 고독을
중년엔 탈자적 고독을
노년에 던져진 고독을
지금엔 소외된 고독을

당신을 보내고 난 나는 갈길 잃은 방랑자
이젠, 마음마저도 찢어졌어요

고독!
죽음은 떨칠 수 있으려나
이 아려오는 비애가
내 맘에 당신을 담습니다

그대의 향기를 마시며

그대를 보면서
나는 사랑이 아름답다는 걸 알았고
그대와 속삭이며
나는 사랑이 뜨겁다는 걸 느꼈다

그랬던 시간은
구름처럼 어디론가 흘러갔고
그대와 나의 나날은
모래알처럼 어디론가 쓸려가 버렸다

언젠간 나도 망각의 강을 건너겠지만
첫사랑의 때만은 망각할 수 없으리라
눈 내리던 날 사랑을 꽃피웠고
가을 햇살 받으며 열매 걷어 들이던

세상 그 무엇이 이보다 달 수 있으랴
그대가 담근 장밋빛 포도주
밤에는 촛불 아래서, 우린
사랑의 축배를 들곤 했는데

아, 그랬던 젊음은 바람에 실려
우리를 영원히 떠났으니

그대여 어디서
우리의 시간을 되찾을 수 있으랴!

그대가 담가놓은 포도주에서
오늘도 그대의 향기를 마신다
아직도 그대의 향긋함이
입안에 감도는 그 깊은 맛!

가을 애가

1.
지난밤 비바람에 흐느끼며
여름이 홀연히 떠나가고
가을 하늘 드높음이
날 고적하게 하는 지금
황야에 던져진 듯 홀로인 난
내 맘에 스미는 당신에게서
사랑의 눈빛을 보았습니다

2.
가을밤 서리를 맞으면서도
색향(色香)을 그윽이 품은 자태로
빨갛게 불꽃을 피워가며
마지막 정염을 태워가는 낙엽
가을빛 뉘엿이 받아 안으며
바람살에 내 곁을 멀리 떠나니
이 가을이 더욱 애잔합니다

3.
깊어가는 이 가을
함께 걷던 낙엽 길 추억에
당신을 목 놓아 불러보지만

산울림만 내 맘 아리어주니
나를 엄습한 그리움에
애련한 낙엽을 담으며
나도 낙엽이 되어갑니다

시간의 흔적

지나간 시간은 아쉬움으로 채워져 회상되고
그래서 때론 그리움과 서글픔이 교차하는 점

기억을 더듬으며 지나간 나날을 찾으려 해도
시간의 순간은 채워진 이야기만 반복한다

시간도 물과 같아 영원의 바다로 흘러가고
남겨진 물이끼만 시간의 흔적을 보여준다

4부
어머니 생각

산

산정을 덮은 숱한 언어가
용암을 산마루에 덮어씌우면
산은 다시 언어가 되어
허공에 도사린 가을의 오후를
다섯 갈래 손가락으로 채운다

용암이 분화구 언저리에 흘러
산자락 제단 위에 향을 피우면
산은 하늘에 언어를 토해낸다
그리곤 다시
언어를 수태하는 성혼(聖婚)[4]을 치른다

---

4) 성혼(聖婚): 초월적이고 초자연적이며 신성한 혼인이란 의미를 함축한 개념. 신들의 결혼이 상징하는 의식 행위.

연륙교

내일의 햇빛엔 무엇이 실려 올까
내일을 기다리는 내 맘은 밤을 설친다
어린아이 땐 무지개 너머의 무언가를 동경했는데
청년 시절에 꿈과 희망, 그리고 사랑으로 힘이 솟았는데
한 세상 마쳐가는 오늘엔 내일의 해를 맞는 것도 축복일 테지

오늘과 내일을 이어주는 연륙교
나에게는 손에 닿을 듯 눈앞에 저 피안이 보인다
우주의 바다 섬에서 저 다리를 건너면 무한한 대륙
섬 구경하고 고향 가려는 귀향객 틈에서
나는 나 자신의 섬 추억을 되돌려본다

오늘의 나에게도 내일의 해는 뜨려나
밤이 깊어가는데
섬초롱꽃, 괭이갈매기, 외로울 때 함께 했던 벗들
잠시 들렸던 섬에서의 습관과 세시풍속이 아른거린다
아 내일의 해돋이 땐 내가 또 태어나려나, 글쎄?

이것은 무엇인가

형식이 없어도 모양은 있는 것
모양이 없어도 실체는 있는 것
실체가 없어도 현상은 있는 것
현상이 없어도 본질은 있는 것
이것은 무엇인가
그것은 시라네

맥박이 없어도 혈관은 있는 것
혈관이 없어도 생기는 있는 것
생기가 없어도 생명은 있는 것
생명이 없어도 형상은 있는 것
이것은 무엇인가
그것은 그림이라네

형체는 없어도 율동은 있는 것
율동이 없어도 소리는 있는 것
소리가 없어도 색깔은 있는 것
색깔은 없어도 여운은 있는 것
이것은 무엇인가
그것은 음악이라네

육신이 없어도 정신은 있는 것
정신이 없어도 행동은 있는 것
행동이 없어도 이론은 있는 것
이론이 없어도 의식은 있는 것
이것은 무엇인가
그것은 이념이라네

장미꽃 고이 안고

내 마음 적시며 내리는 가을비
묻혔던 추억이 여울져 옵니다
깊어가는 이 밤을 그대 생각에
외로운 맘으로 뒤척입니다
새벽이 오려면 아직 멀건만
내 맘엔 어둠이 걷힌 듯
여명의 아침이 조용히 열리고
그대 만날 생각에 떨려옵니다

그대 미소를 떠올리면서
새날을 숙연히 맞으려 해도
내 맘은 이미 그대에게 달려가
떨리는 목소리로 고백합니다
그대를 영원히 사랑한다고
오늘도 장미꽃 고이 안고
그대를 찾아갑니다
꽃 같은 그대를 찾아갑니다

임은 오지 않고

꽃 들고 임을 기다렸건만
끝내 임은 오지 않았네
아, 인적 없는 이 한량한 곳
해넘이에 맘마저 쓸쓸하구나
그대만은 내 맘을 알고 있겠지

문 앞에 꽃만 놓고 떠나면서도
혹시나 하여 뒤돌아보건만
걸음은 제자리에 붙어버렸네
오늘 밤 꿈에선 만나려나
추모공원에 어둠이 드리운다

잃어버린 크리스마스

크리스마스 때가 되어오면
당신은 대림절 달력을 만들어
아이들에게 줄 선물을 달아놓고
크리스마스트리를 세워놓고
말구유도 만들곤 했어요
현관문엔 크리스마스 화환을 매달고
방 안은 포인세티아로 꾸미고
나뭇가지는 작은 전구들로 장식했어요
아이들보다 그때를 더 즐기던 당신
나는 그런 당신에게
크리스마스 귀신이라고 놀리곤 했는데
그런데 이제는 그럴 수 없게 됐네요
내가 당신 비석에 화환을 달게 됐으니

비석 앞 상석 위에 놓인
당신의 스마트폰에서
한 시간이 넘게 흘러나오는 캐럴
어제는 함박눈이 쏟아졌는데
화이트 크리스마스의 평화가
내 마음에도 내리려나
메리 크리스마스!
맘속으로 외쳐봅니다

하지만, 나는 잃어버린 크리스마스를
아직도 찾지 못했습니다
어쩌면 당신을 만날 때까지도

사랑이여, 안녕!

해와 달과 별들은 언제나 내 길 동반자
바람이 불거나 눈 내리는 추운 겨울에도
나는 헤아릴 수 없는 아름다운 시간을
저들과 함께 보내며 지내곤 했어요
첫사랑이 내 가슴에 불꽃을 지폈을 때도
아릿한 풋사랑 눈물이 내 맘에 고여 올 때도
저들은 외로운 내 마음을 포근히 안아줬어요

사랑하는 사람과 마음을 주고받으며
때로는 사랑하며 긴 밤을 새우기도 했어요
새벽은 빨리 찾아와 지난밤의 사랑은
동트며 빛 속으로 자취를 감춰버렸죠
나의 슬픈 그리움에 시간도 멈춰버렸죠
나에겐 애절한 그리움을 더해주던 시간
오늘은 보고 싶은 얼굴이 떠오르네요

이제는 소식도 모르는 사랑했던 그대
그 시간의 추억이 코끝을 저리게 해요
사랑하고 사랑했던 내 삶의 연인이여
추억에 잠겨 사랑의 그때를 떠올려봐요
내가 사랑했던 그대, 보고 싶은 그대
내일 해돋이 때는 만날 수 있으려나

아— 사랑이여, 안녕! 사랑이여, 안녕!

비련의 노래

아름다운 시간은 화살 같아서
노을빛 속으로 삼켜지며
어느덧 어둠에 묻혀가는 데
그대는 먼 길을 떠나려 누나
나에겐 맑은 눈동자에
촉촉이 젖은 슬픈 마음만 전하며

우리가 함께 지냈던 나날의 시간
전설이 되어 세월에 묻히어도
내 맘에선 지워질 수 없으리라
그대의 눈물에 내 맘도 흘러내리니
우리의 사랑도 먼 추억에 잠기지만
나, 이제부터는 울지 않으리라!

내 어찌 우리의 수많은 시간
그때의 이야기를 잊을 수 있으며
별을 세며 함께 보냈던 수많은 밤을 잊을 수 있으랴
그대는 소녀의 꿈에서 행복을 찾았고
나는 푸른빛 희망의 나래를 펴며
그대를 포근히 안아주곤 했던 그때를

우리는 삶이 여물어가는 미래를 꿈꿨는데
헤어짐이 모든 것을 세월의 강에 흘려보내고
이별의 아픔이 한이 되어
그대의 발걸음을 잡아두누나
어느 훗날 우리가 이 세상 떠나면
밤새며 세던 저 별에서 만날 수 있으려나

우리는 아직 젊고 내일도 있으니
하루하루씩 새로운 삶을 엮어가며
또 그렇게 한세상 이어갈 텐데, 하지만
그대와 이별의 이 순간을 내 어찌 잊을 수 없으랴
이별은 비련의 노래가 되어 내 가슴을 아리고
추억은 슬픔의 가락이 되어 내 마음을 저리네

환우에게 부치는 편지

아침 햇빛이 창가에 드리우고
오늘도 당신은 새날을 맞네요
하루가 하루씩 차곡히 쌓이며
그렇게 당신은 아픔을 넘겨요
병든 몸 참으며 지내는 당신
때로는 외로움에 힘들겠지만
당신을 사랑하는 가족이 있어
오늘도 당신은 외롭지 않아요

햇빛도 달빛도 당신을 위하여
빛으로 희망을 보내고 있어요
이렇게 하루씩 생명을 이으면
희망의 새 삶을 엮을 수 있어요
당신은 병마를 이길 수 있어요
병상에서 일어날 용기가 있어요
햇빛을 받으며 힘차게 달리면
당신의 내일엔 서광이 비춰요

꿀 많은 꽃

남자가 내세울게 힘뿐이라면
여자는 오던 길로 돌아가리라
사랑만큼 강한 게 뭐가 있나요
여자를 안아 줄 힘만 있어도
여자는 사랑에 녹아든다오

여자가 내세울게 얼굴뿐이라면
원하는 남자를 품을 수도 있겠지만
세월이 지나 얼굴에 주름살 잡히면
포근하게 안아 줄 여자에게
남자는 자신의 모든 걸 주게 된다오

남자여! 힘을 자랑하지 말고
여자를 사랑할 수 있는 지혜를 배워요
여자여! 예쁨을 뽐내지 말고
남자가 떠날 수 없도록 꿀을 채워요
벌은 예쁜 꽃보다 꿀 많은 꽃을 찾는다오

여명

여명은 밤을 물리며
새날을 깨우는 즈음의 때
어둠에 빛이 들어오려는
흑과 백이 뒤섞이는 날빛
여명은 자연의 조화로
세상이 존재함을
빛으로 보여주는 천리
하루를 여는 날빛 순간
아직 해돋인 멀었는데
하늘과 땅 사이의 어슴프럼이
하루의 생명력을 채워가며
동녘 하늘을 밝혀오고 있네
젊음을 여는 어슴프럼
날빛이 무엇을 펼치려나
속에서 솟아오르는 여명
미래를 밝혀 줄 빛이여!

어머니 생각

구름 따라 흘러가는 것은 시간이고
시간 따라 흘러가는 것은 인생이라네
샘물은 계곡에서 강에 흘러 바다에 닿고
바다는 섬과 바위에 부서지면서도 육지를 품고 있으니
어느 누군들 바다의 속마음을 알 수 있으랴
바다는 어머니의 사랑을 연출하고 있는데
아직도 우리는 바다의 희생을 이해할 수 없으니
인간이 어찌 어머니의 마음을 헤아릴 수 있으랴
이젠 어머니마저 내 곁을 떠났으니…
아아 어머니 생각에 슬픔만 밀려온다
어머니 그리움에 하늘을 쳐다보니
흘러가는 구름 한 점 내 인생으로 보인다

홍매화

깊은 산 개울에 얼음장 흘러가고
겨울잠 깬 개구리 사랑에 눈뜨고
개나리 진달래 꽃망울 벌릴 때쯤
그때는 내 임도 산 넘고 강 건너
꽃향기 맘속에 고이 담고 온다네
보시게!
꽃 연정 숨기며 내 몸에 안기는
홍매화 입술엔 꿀도 채워있다네

아아, 내 운명의 어머니!

아픔은 전설처럼 흘러 강을 이루고
전설은 또 다른 아픔을 이어가며
당신의 일생을 채워갔었죠
아아, 얼마나 많은 아픔이
당신의 가슴을 아리었나요
이젠 아무리 불러도
당신의 음성을 들을 수 없으니
그리운 서글픔에 눈물만 흐릅니다

나의 발이 되셨던,
아니, 나를 위해 일생을 희생하신 당신!
"저 애, 사람 구실 못하겠네"
"저 집안 애물단지군!"
사람들의 이런 놀림과 수군거림에
당신의 가슴 찢어지던 그 아픔
그 눈물의 한숨을
내 어찌 잊을 수 있으리오

양 겨드랑이에 목발 끼고
한 걸음씩 뒤뚱거리는 몸으로
독일 유학 떠나는 날,
1968년 9월 9일!

홀로 가는 내 마음 약해질까 봐
촉촉한 눈빛에 미소를 지우며
“꼭 박사 되어오라!”
이 한마디만 하셨던
그 부드러우면서 힘이 실려 있던 음성
나를 강하게 키우시려고
아주 엄하게 가르치셨던 당신!
세상 그 무엇이 이보다 숭고하리오

대학교수로 임명되어 귀국했을 때
“교수는 강의도 잘하고
연구도 많이 해야겠지만,
그보다 더 중요한 것은
학생들을 사랑하는 것”이라고 하셨던 어머니!
혹여나 말실수하거나
연구에 게을러지거나
교만해질까 봐
밤낮으로 기도하시며
늘 바른길로 가게 하셨던 어머니!
당신을 그리며 마음이 젖어옵니다

아아, 이젠 만날 수 없어도
내 마음에 살아 계신 어머니!
당신의 사랑은 강을 이루며
오늘도 내 몸에 흐르고 있습니다

한 번만이라도, 단 한 번만이라도
당신을 업어드릴 수 있었다면
내 마음 이리 아프지는 않았으련만
내 마음속 당신께 매일 붉은 카네이션 꽂아드린들
내 어찌 이 한을 풀 수 있으리오
아아, 내 운명의 어머니!

백합

아, 젊음의 추억이여!
즐거웠던 시간, 젊음이여!
숱하게 해가 바뀌었어도
마음속 그리움이 솟구칠 때면
젊은 시절 그때가
설렘과 떨림으로 다가온다네
그녀의 눈빛엔 행복이 넘쳤고
내 가슴엔 그녀 사랑 흐르던

해마다 내 얼굴엔 주름이 늘고
이젠 몸도 늙어가고 있지만
내 마음속 그녀는 지금도
그때처럼 아름다운 소녀
거친 숨소리와 향긋한 입김은
그녀의 싱그러운 향기
아, 왜 이리도 내 가슴은 뛰는가!
오늘도 추억에 잠겨 그녀를 그린다

오솔길 언덕에 외로운 백합
그리운 맘, 바람에 숨결이 되어
하얀빛 순결한 몸으로
잔잔한 물결처럼 여미어오누나

청아한 얼굴
그윽한 향기
시간과 공간을 벗어나
오늘도 내 맘은 오솔길에 머문다

아, 젊음의 추억이여!
꽃으로 피어난 사랑이여!
영원히 멈춰진 시간에서
나는 그녀와 속삭인다네
옛 추억은 때론 슬프기고 하고
그립기도 한 운명의 시간
하지만 나에겐 그녀와 만남의 시간
영원이란 바로 이런 것이 아니런가

꽃

햇볕에 시든 꽃에 두레박 물 부었을 뿐인데
외로운 저 꽃을 살며시 안아주었을 뿐인데
저물녘에 꽃은 수줍어하며 내 귀에 속삭인다

밤 서리 맞은 꽃을 나는 포근히 덮어주었고
닭 홰치는 소리에 잠 깬 꽃을 보듬어 안으며
연정을 살며시 띄었는데 꽃엔 이슬이 맺혔다

가녀린 소녀의 순결한 모습 닮은 청초한 꽃
내 품에 안기어 색향 그윽한 꽃을 피워가며
가슴속 깊은 곳엔 내게 줄 꿀을 채우고 있다

당신이 지펴놓은 불길

당신이 지펴놓은 불길은
내 가슴에 붉게 타오르는 사랑
어둡고 냉기 찬 밤에는
인생의 희망이 되어
어둠을 밝혀 줄 횃불이 된다

비는 내 마음을 적시며

낙엽이 밟혀 부서진 산책길
비마저 내려 낙엽을 적시네
하늘이 흘리는 애수의 눈물인가

비 오는 날이면 도지는 슬픈 그리움
아직도 못 이룬 사랑 때문인가
떠나버린 옛 추억의 연인 때문인가
잿빛 하늘에서 내리는 비에
슬픔도 흘러내려 내 마음 젖어가네

소리 없이 내리는 비에는
고향의 그리움이
처량하게 흐르는 빗소리에는
옛날의 시간이 새록새록 떠올라
눈가엔 눈물이 고이네

살 만큼 살았어도
비 오는 날이면 아직도
그리움과 아쉬움,
젊은 날의 추억으로
내 마음은 소년이 되기도 하고
초로인생을 되돌아보기도 하지만

그때마다 내 마음은 우수에 잠기네
애절한 마음 아리움에 묻으며
하루가 또 이렇게 흘러가누나

솔잎 사이에 처량한 새 한 마리
비를 피하며 무슨 생각을 할꼬?!
비는 어둠을 이어가며 내릴 기세니
저 새도 나처럼 외로운 밤을 맞겠구나

눈을 감는 순간까지도

그날이 언제였던가
아름다운 시간에 마음 떨리던
가을의 어느 맑은 날
많은 세월이 지나고 또 흘러가
아, 이제는 날짜도 잊었다네

그대의 빨간 자동차로
뮌헨 교외로 떠났던 즐거운 오후
내 어찌 그곳에서의 하루
우리만의 아름다운 시간을 잊을 수 있으랴
세월이 아무리 지나도
그대의 눈과 입술과 목소리만은 잊을 수 없을 터
아니 내가 눈을 감는 순간까지도
나는 그대를 잊을 수 없다네

그날이 언제였던가
우리가 처음 만났던 때
그대와 첫 데이트로
사랑을 전했던 아름다운 때
그때를 내 어찌 잊을 수 있으리오
그 아름다운 시간을 잊을 수 있으리오

아, 시간은 벌써 우리에게 조종(弔鐘)의 때
영원한 안식이 가까웠음을 전하는 듯
몸도 마음도 지쳐가건만
문득 그대 생각이 이 밤을 지새우게 한다오

아직도 그대는 뮌헨 하늘 아래서 숨 쉬고 있나요
이제는 소식도 알 수 없어 만날 순 없겠지만
함께 지냈던 시간의 추억도
이젠 현실 같은 떨림으로 다가오네요
내일에는 내일의 해와 달과 별을 보며
우리의 시간 여행이 시작되겠죠

추억으로 찾아와 내 품에

내가 사랑했던 숱한 여인들!
내가 잠 못 이루고 궁싯거릴 땐
추억으로 찾아와 내 품에 안기곤 하네

누구에게나 사랑의 때는 있는 것
사랑에 눈을 뜰 땐 짝사랑이 시작되고
짝사랑은 밤의 벗이 되어 여명을 맞곤 했었지
말 한마디 섞어보지 못했는데도 몸이 떨리고
밤마다 그녀를 연모하며 느꺼운 묘한 흥분!
홍역처럼 누구나 한 번쯤은 겪어야 하는 것
그것을 짝사랑이라 했던가

아, 사랑했던 이들이여!
우리가 사랑의 기쁨과 슬픔을 함께했던
이제 그 시간은 돌아올 수 없지만
추억 속에서 반복되며
죽음에로까지 이어지겠지

그대들이여!
영원한 세계에서
우리의 사랑은 어떻게 될 것인가

생활의 시간은 화살 같지만,
사랑의 시간은 찬란한 빛
회색빛 하늘과 우울한 맘에
꽃을 보며 그대들 흐노니
꽃은 한 송이씩 그대들 얼굴이 되네
그리움에 나는 꽃노래를 읊어보노라

내 사랑의 편력은 결혼으로 마침표를 찍었고
나는 결혼 선서 때 맹세한 대로
죽음이 나와 그녀를 갈라놓을 때까지
오직 그녀만을 사랑했었지
죽음이 우리를 갈라놓는 순간
그녀는 나를 보며 이슬 맺힌 눈을 감았네
영결의 시간은 사랑의 슬픔을 남겼지
사랑할 수 있을 때의 사랑,
그것이 무엇인지 나는 아직도 알 수 없다네
하지만 사랑은 묘한 그 무엇이라는 어렴풋한 설렘

어머니

밤하늘의 별을 셀 수 없다지만
어머니의 사랑만큼이랴
세어도 세어도 한이 없는데
어찌 그 사랑 말로 다 할 수 있으리오

바다에 모래알이 많다고 한들
어머니의 사랑만큼이랴
영결의 시간이 다가오는데도
건강 챙기라시던 그 한량없는 사랑

꽃이 아무리 아름답다고 한들
어머니의 마음만큼이랴
눈 감으시면서도 시들지 않은 그 마음
누군들 그 속을 다 알 수 있으리오

장미꽃, 그대여!

첫사랑의 시간은 빨리 지나가는 것,
시간에 남겨진 흔적은 사랑뿐이네
밤새며 장밋빛 편지 쓰고 지우면서
그대 얼굴 눈에 넣으며 보냈던 밤,
왜 이리도 밤은 짧은가!

그대는 내 마음에 사랑의 불씨를 짚였고
그대 몸에서 흐르는 향기,
마력 같은 힘으로 나를 취하게 했어요
나를 그대의 품 안으로 빨아들이며
그대는 나의 세계가 되었어요

영원히 이어질 듯 우리는 사랑을 이어왔지만
우리가 꿈꿨던 미래는 이상으로 끝났어요
그대는 이슬을 머금은 청초한 장미 한 송이
향기로운 꽃잎과 가시까지도 아름답지만
내 맘에 숨어버려 벌도 찾아올 수 없게 되었죠

그리움을 바람에 실어

저 하늘에 떠가는 구름은 내 마음을 알려나
무엇이 급해서 그리도 빨리 흘러가나
저 바다 파도에는 무엇이 실리어오나
울며 내게 다가와 아픈 마음 쏟아내곤 급히 떠나네
비 내리는 쓸쓸한 이 오후
그리움이 쌓여가는 나의 가슴엔
회색 빛 수채화가 그려져 가네
그리움은 오던 길로 되돌아가며
가는 걸음마다 눈물을 뿌리네
아, 바람아 이 슬픈 그리움도 싣고 가려무나
내가 그곳으로 갈 수 있도록

작품해설

서사와 서정, 그 알레고리

— 김순진(시인 · 문학평론가)

서사와 서정, 그 알레고리

김 순 진(시인 · 문학평론가)

문학의 장르는 크게 서사 서정, 극으로 나눈다. 서사는 소설 같은 양식인데 반해 서정은 시와 같이 정서를 바탕으로 한 양식이고 희곡은 극양식에 속한다. 우리에게는 언어를 표현할 수 있는 세 가지 방식이 있다. 하나는 말로 이야기하는 것이고, 다른 하나는 노래로 부르는 것이고, 또 다른 하나는 몸동작으로 표현하는 것이다. 이야기방식 즉 서사와 노래방식 즉 시는 인간에게 있어 중요한 표현방법이 되어 왔다. 몸짓은 기술하기 힘들다. 그러나 시에 있어 몸짓만을 구체적으로 표현하는 것도 시가 된다. 인간의 역사는 서사구조다. 나라의 역사만 서사로 되어있는 것이 아니라 개인의 역사도 서사구조로 이루어져 있다. 필자가 왜 서사와 서정에 대해 오래도록 이야기하려는가 하면, 한승홍 시인의 시는 오랜 시간동안 서사 기반으로 해 서정으로 표현되고 있기 때문이다. 그는 2018년 <스토리문학> 100호 특집 신년호로 등단한다. 그러나 그는 이미 1963년에 지면에 시를 발표하며 시인으로 활동을 시작한다. 이처럼 그는 신학대학교 교수로 평생 강단에 서다보니 등단이 늦어졌을 뿐, 시적 능력이 모자라 시인이 안 되었던 것은 아니다. 그는 인생의 전환기가 오면 늘 시를 써왔던 것 같다. 여인을 만나거나, 결혼을 하거나, 이별을 하게 될 때, 교수가 되거나, 외국을 여행하거나, 시련이 닥쳐왔을 때 그는 늘 시를 써왔는데, 그러한 시적 행위는 서정적이지만, 그의 개인적 역사 행위는 서사라는 말이다. 그래서 나는 이번 시집의 해설 제목을 "서사와 서정, 그 알레고리"라 정한다. 왜냐하면 그의 서사는 서정의 알레고리를 쓰고 쓰여지기 때문이다. 만남이나 이별, 죽음 등의 추상적인 개념을 직설적으로 표현하지 않고 그것과 유사한 구체적인 이미지로 표현해내기 때문이다. 한 시인은 가치, 정신 등 무형의 이념을 효과적으로 전달하기 위해 서정을 동원한다. 그의 서정은 그리움, 고독, 슬픔 등의 인간편향적 서정이 아니다. 그는 나무, 시간, 바닷가 등 일반적인 자연을 서정에 끌어들여 시를 숭고하고 고차원적인 서정으로 끌어간다. 그럼 여기서 그의 시 몇 수를 감상하면서 그가 중요하게 여기는 서사를 어떻게 서정을 통해 알레고리로 생산해 내는가 알아보기로 한다.

다음 시 한 수를 읽어보자.

> 하늘은 스스로를 내려놓아 맑아진다
> 물은 스스로 낮아져 이롭게 한다
> 바위는 스스로를 내려놓아 단단해진다
> 내려놓을 것이 없으면 담을 것이 많아지고
> 마음을 비우면 몸이 가벼워진다
> 한때 가지려고 애쓰던 때 있었다

집 한 채 가지려고 아등바등하던 때 있었다
품위 있게 보이려고 좋은 옷을 꿈꾸었다
신앙 깊게 보이려고 위엄을 가장했었다
목소리가 굵어야 가장이 유지되는 줄 알았다
그러나 모든 소유는 소유가 아니라는 걸
진정한 소유는 웃는 낯으로부터 시작되는 걸 이제야
알겠다
퇴적물이 쌓여 있으면 삶이 점점 물화되고
청빈한 인생엔 모두 나로 보인다
사람살이 한갓 꿈인데 거기 무얼 담으려 하나
가득히 담은들 깨면 초로인생이다
조우하며 연한 만상도 마음 열고 담아가면
모두가 나이니 내겐 내가 채워진다
그릇은 비워둘 때만 다른 곡식을 채울 수 있고
관악기는 속을 비울 때 아름다운 소리를 낼 수 있나니
이 가을 모든 잎사귀를 내려놓고
스스로 혹독한 겨울을 택하여 성장을 꿈꾸는 나무에게
배운다

- 「나무에게 배우다」 전문

이 시는 이 시집의 표제시다. 인간에게 소유는 아주 중요한 삶의 방식이다. 자본주의 사회에 있어 대부분의 사람들은 얼마만큼 소유하느냐를 성공의 척도로 여기기도 한다. 빌딩을 짓고, 외제차를 몰고, 해외골프를 자주 나가는 것이 부자요, 성공의 전형으로 생각한다. 그러나 실제로는 소유보다는 봉사가 성공 척도의 가늠자 역할을 한다는 것을 사람들은 알지 못한다. 그런데 한숭홍 시인은 이를 정확하게 짚어낸다. 그는 이 시 「나무에게 배우다」에서 하늘과 물과 바위의 무소유, 즉 자연의 서사적 이념을 환기시키면서 나무라는 객관적 상관물을 끌어들여 자신이 한때 가지려고 애쓰던 때를 반성한다. 집을 가지려 하고, 좋은 옷을 꿈꾸고, 신앙이 깊은 척 위엄을 가장하며, 가족에게는 낮은 저음으로 통치하려 했다. 그런데 그것이 다 소용없음을 나무에게 배우게 된다. "모든 소유는 소유가 아니라는 걸 / 진정한 소유는 웃는 낯으로부터 시작되는 걸 이제야" 깨달으면서 모든 걸 내려놓고 스스로 성장하는 나무에게 한 수 배운다. 42년생, 77세의 연세에도 무얼 배우려고 하는 한승홍 시인의 자세에서 우리는 더욱 배움을 깨닫는다. 공광규 시인의 「담장을 허물다」란 시가 있다. 그는 고향에 돌아와 시골집의 담장을 허문다. 그러자 '텃밭 육백 평'이 정원이 되는 것을 시작으로 "텃밭 아래 사는 백 살 된 느티나무"와 "느티나무 그늘 수 십 평과 까치집 세 채" 그리고 "나뭇가지에 매달린 벌레와 새소리", "사방 푸른빛이 흘러내리는 월산과 청태산까지" 공광규 시인의 소유가 된다. 한승홍 시인 역시 마음의 담장을 허물어 "조우하며 연한 만상도 마음 열고 담아가면 / 모두가 나이니 내겐 내가 채워진다"라고 말하는 것을 보면 세상은 모두 내 것이나 내가 소유하면 나만의 것이 되지만 내가 소유하지 않으면 모두의 것이 될 수 있음을 말하고 있다.

아침 햇빛엔 눈이 부신다
해는 오르며 하루를 달린다
햇빛이 쏟아지는 곳마다 무언가 새로움이 다가온다
새로움에 대한 호기심은 설렘과 두려움을 이어가며
미래를 여는 진통을 겪으며 푸른 희망을 잉태한다
보랏빛 노을이 피는 하늘에 빨갛게 타오르는 시원의 아픔
무화과 잎들이 들판을 덮은 인류의 심원한 가슴속
그 창조주의 손끝에서 피와 구원의 생수가 흘러
땅거미 기어드는 에덴의 서쪽에 한 줌 피를 뿌렸다
그리고 신의 호흡이 바람에 흩날려
기울인 십자가에 티끌을 모으고
태고의 에덴에 검붉은 흙을 뿌린다
때때로 음양이 동했던 생명
반대의 일치로 밀착된 추억
인생의 하루를 엮었던 신화
만물이 섞이어 시원을 연다
한낮의 햇살은 내 몸을 달궈도
꺼져버린 이상의 불씨는 노예처럼 석양을 맞는다
빛과 열기를 온종일 뿜어내며 쉼 없이 달려온 해도
이젠 피안의 세계를 내 몸에 쏟아붓는다
해가 중천을 지날 즈음에는 보이는 모든 게 그저 그렇고
시간의 흐름에 얹혀가며 희망도 욕망도 꼬리를 감춘다
물처럼 흐르는 세월에 묻혀 나날이 오늘에 이르는 동안
인생엔 어제가 새로운 오늘 기억을 더듬어 한겹씩 편다
어제는 영원한 물망초 시간이자 가끔은 애환 순간이다
그렇게 지나간 영겁이 찰나의 가슴을 메우며 간다
석양은 서녘을 곱게 물들이며 석별의 정을 노을로 표현한다

어둠이 오기 전 살며시 떠나는 너
오늘 밤은 등불로 어둠을 밝히련다

– 「시원의 시간」 전문

지난 2018년 8월 12일 일요일 오후, 미국 항공우주국 나사에서는 태양의 신비로움을 탐사하기 위해 특수하게 제작된 인공위성을 발사했다. 인류 최초의 태양 탐사선 '파커'를 발사한 것이다. 앞으로 파커는 7년 동안 날아가 태양 대기층인 코로나가 수백만도에 달하는 이유를 밝혀내게 된다. 그 뜨거운 태양을 향해 접근한다는 것도 대단하고, 그런 신비를 풀기 위해 도전을 아끼지 않는 인간은 정말 대단한 것 같다. 아무리 생각해봐도 태양에 관한 궁금증을 떨쳐버릴 수가 없다. 태양계에 돌고 있는 수많은 행성들과 마찬가지로 지구의 나이는 50억 살이다. 태양은 적어도 50억년 동안 뜨겁게 불타고 있고, 여전히 식을 기미조차 보이지 않은 채 앞으로도 무궁무진하게 맹렬히 불탈 것으로 과학자들은 내다보고 있다. 우리 지구의 시원의 시간은 50억 살인 것이다. 그러나 인간의 시원의 시간은 320만년이라 생각했었다. 1974년 에티오피아의 수도 아디스아바바 동북쪽 아와시 강 하류에서 여성의 뼈 '루시'가 발견되었기 때문이다. 그런데 1992년 루시가 발견된 지역 인근에서 '아르디(Ardi)'가 발굴되면서 루시는 '인류의 어머니' 자리를 내주고 말았다. 아르디는 약 440만 년 전에 살았던 것으로 추정되며 직립 보행을 했고, 물건을 세게 줼 수도 있었다고 한다. 320만년이든 440만년이든 우리 시인들에게 그게 그렇게 중요한 것은 아니다. 인간이 살았건, 원숭이가 살았건 그것이 중요한 것이 아니라 인류의 시원의 시간이 440만년이었다는 것이다. 인간은 아침에 일어나 눈부신 햇빛을 보며 하루를 달리는데, 그것이 440만년 동안 하루처럼 계속되어 왔다는 것이 중요하다. 호랑거미가 거미줄에 역사를 기록한다는 정연희 시인의 시집 『호랑거미 역사책』을 읽은 적이 있다. 인류가 없었으면 지구에는 역사가 없었을까? 그것은 인류가 타 동물에 비해 우월하다는 것일 뿐, 인간의 교만이다. 개미도 역사를 쓰고, 땅도 역사를 쓴다. 꽃도 역사를 쓰고 나무도 역사를 쓴다. 개미는 굴을 파 굴의 길이와 넓이, 용도에 맞는 방으로 역사를 쓰고, 땅은 지진과 화산분출 등을 통해 모든 것을 쓸어 덮고 융기하고 꺼짐으로써 역사를 쓴다. 꽃은 혹은 홀씨로 날아다니며 혹은 새의 먹이가 되며 역사를 기록한다. 나무는 제 몸 안에 나이를 새겨 넣으며 스스로 벼락을 맞아 화석으로 존재하며 역사를 쓴다. 모두 시원의 시간이다. 시원이란 인간만이 홀로 존재하는 곳이 아니다. 시원이란 하늘과 땅과 바람과 생명체와 무생물, 그리고 공간 모두를 말한다. 한승홍 시인 역시 시원의 일부며 시원의 주체다. 한승홍 시인에게 시원의 시간이란 태어난 시점이 아니라 우주의 생성 그 자체이며, 앞으로 자손과 생물, 무생물과 함께 존재할 모든 것이다. 한승홍 시인은 "인생엔 어제가 새로운 오늘 기억을 더듬어 한

겹씩 편" 것이라고 말한다. 과거란 지우개나 소멸이 아니다. 땅 같은 것이다. 우리가 땅이 있어 땅 위를 딛고 집을 짓고 살 듯 어제가 없으면 우리는 오늘을 딛을 수 없다. 따라서 내일이라는 미래도 없다. 한승홍 시인은 "어제는 영원한 물망초 시간이자 가끔은 애환 순간이다"라고 말한다. 영원한 물망초의 시간이란 어떤 시간일까? 우리 존재의 이유가 되는 시간, 비빌 언덕이 되는 시간, 디딤돌이 되는 시간이다. 그래서 가끔은 죽은 자들을 딛고 사는 것처럼 '애환의 순간'이 되기도 한다. 나는 이 긴 서사구조를 서정적 자아로 바라보는 한승홍 시인의 시야에 무릎을 친다.

1.
(선략)
말끔히 들여다보이는
보랏빛 하늘에
속삭이고 있는,
소라여!
지난날은 '고독한 혼'이
자연과 인생과 철학을 노래하며
지나던 모래 위를
나는 다시 깊은 발자국을 찍으러 가련다
(하략)

2.
하늘의 타이탄 신이
뼈도 없는 투명의 긴 손가락을 움직여

바다에 뻗어 조화를 만들어내고
이것을 보라는 듯 내게로 펼친다

바다, 영원한 안식처와도 같이
날이 오면 또다시 생명을 얻고 율동하는
푸른 물결에 괴로움을 띄워 보내고
많은 날들을 외로운 운명 속에서
바다와 하늘과 대지와 속삭인다는 것,
산 생명을 인식하며
과거를 아름다운 추억으로 채색하다
(하략)

– 「바닷가에서」 5)부분

이 시는 그가 연세대학교에 다니던 22세에 연세대학교 학보인 『연세춘추』에 발표한 시다. 나는 이 시에서 그가 청년시절부터 얼마나 깊은 사유를 했었나를 가늠해본다. "말끔히 들여다보이는 / 보랏빛 하늘에 / 속삭이고 있는, / 소라여!" 여기서 그가 말하는 '소라'가 무엇인지 생각해보자. 22세의 대학생에게 '소라'에 대한 가능성은 상당히 확장된다. 일단 사랑하는 여대생일 수 있다. 이름이야 확실히 '소라'가 아닐 런지 몰라도 '소영'이 '미라' 등 '소라'라는 두 글자 중에 한 자가 맞아떨어지는 인물을 마음 안에 숨기고 독백처럼 대화하고 있는지도 모른다. 두 번째로 '소라'는 그가 가고 싶은 이데아다. '소라'하면 생각나는 곳은 백사장이 끝없

5) 『연세춘추』, 1963. 9. 9, 4면.

이 펼쳐진 바닷가다. 시감 좋은 모래벌이 펼쳐져 있고, 청감 좋은 갈매기 소리가 들리고, 촉감 좋은 바람이 불고, 후감 좋은 비릿한 냄새가 나고, 미감 좋은 먹거리들이 반기는 곳이다. 그곳은 이데아다. "바다, 영원한 안식처와도 같이 / 날이 오면 또다시 생명을 얻고 율동하는" 곳은 소라껍질을 귀에 대야만 느낄 수 있는 바다뿐이다. 세 번째로는 '자신의 귀'를 그렇게 표현할 수 있다. "말끔히 들여다보이는 / 보랏빛 하늘에 / 속삭이고" 싶은 마음을 우회적으로 표현했을 수도 있다. "말끔히 들여다보이는 / 보랏빛 하늘"은 이 시를 쓰고 있는 스물두 살 대학생이 동경하는 환경이다. 3.15부정선거가 있고, 5.16쿠데타가 있던 그 시절은 학생 한승홍에게도 역시 암울했던 시기였을 것, 그래서 "말끔히 들여다보이는 / 보랏빛 하늘"을 동경했을지 모른다. 그러면서 희망에게 귀를 열어놓은 것은 아닐까 생각해본다. 위에서 말한 세 가지 즉, 여자, 이데아, 희망 중에 나는 한승홍 시인의 '소라'라는 말은 '희망' 쪽에 있을 것이란 생각에 무게를 싣는다. 희망은 이성과 이데아를 품을 수 있지만 여자는 구속을 품고 있는 말이고, 이데아는 도피를 품고 있는 말이기 때문이다. 지금도 희망을 가슴에 넣고 살기에 그가 역동적으로 살아올 수 있었던 것은 아닐까 하는 생각을 한다. 결국 소라라는 모호한 이념은 이성과 이데아, 희망의 알레고리로 확장된다.

앙상한 나뭇가지 사이로 산바람이 불어온다

영혼 구원받고 천당에 들어간 기독교인들
사바세계 떠나 극락왕생한 불자들
성군, 성인, 득도한 도인, 온갖 사람들
부귀영화 누리며 허세 부리다 허망이 세상 떠난 사람들,
피지 못한 꽃이랑 할미꽃도 함께 모인 사자의 공동체
고해의 세상 버리고 찾아간 안식의 고향
거기에도 겨울이 오는가!

누군가의 봉안묘 비석에 씌워진 바람막이가 펄럭인다
나와 딸만 오늘은 이곳에서 생과 사의 경계선을 밟고
있다
땅속에선 이 추위도 모를 텐데
겨울바람에 뺨이 에는 듯하니 눈물이 고인다

산자는 고뇌의 바다를 헤매며 북망산으로 향해 가고
죽은 자는 평안의 초원을 지나 안식처에서 쉬고 있다
이렇게 인생은 생사를 어깨에 메고 가고 또 가지만
모두 한 곳으로 모이니, 이곳이 흙이 아닌가!

- 「추모공원의 겨울」 전문

모든 인간에게 죽음은 자유로울 수 없다. 더욱이 42년생 한승홍 시인 역시 시나브로 조금씩 다가온다고 생각되는 죽음이다. '나도 이제 얼마 남지 않은 시간이면 저 추모공원에 가겠구나.'라고 생각할 것이다. 그것은 공포가 아니다. 자연스러운 생각이고 그것이 순리다. 우리는 죽음에 대하여 고민할 필요가 없다. 때가 오면 우리 부모님들이 그랬던 것처럼 순응하면 된다. 물론

내가 젊어서 그런 말을 한다고 할 것이다. 그런데 나는 매 순간순간을 정말 열심히 살아서 지금 죽어도 여한이 없다. 그러나 나는 너무나 할 일이 많아서 지금 죽을 수는 없다. 무작정 죽음을 기다려서는 안 된다. 무조건 죽음을 거부해서도 안 된다. 죽음은 준비하는 것이다. 죽음에 가장 효과적으로 대처할 수 있는 방법은 나 스스로가 나를 돌아볼 때 "너 정말 잘 살았구나"하고 평가할 수 있게 살아주는 것이다. 그 평가가 부족하다 생각되면 지금부터 그렇게 살면 된다. 봉사를 많이 하지 않았으면 봉사를 하면 되고, 글을 쓰지 않았으면 글을 쓰면 되고, 여행을 하지 않았으면 여행을 하면 된다. 지금이라도 내가 하고 싶은 것을 나에게 제공해주어야 한다. 부자가 되고 싶은 것은 인류 공동의 꿈인데 개인의 꿈으로 치부한다. 개인의 꿈은 부가 아니라 행복이어야 한다. 얼마만큼의 부를 부자로 생각하는지는 지극히 개인적이다. 한국 사람들은 이미 너무 많이 소유했다. 우리나라 사람의 한 개인을 살펴보면 옛날에는 대기업 사장이나 가질 수 있는 최고의 승용차나 SUV차량을 소유하고 있으며, 수많은 가방과 옷과 신발과 책과 액세서리와 넥타이와 기념품을 가지고 있다. 날마다 맛있는 음식을 먹고, 우아하게 아메리카노 커피를 마시며, 고가의 스마트폰을 들고 통화한다. 이미 우리는 갑부로 살고 있다. 내 땅, 내 집, 내 이름으로 된 등기가 없으면 좀 어떠랴. 나는 이미 엄청난 갑부로 살아왔다. 그러나 우리가 그렇게 대단한 갑부로 살아온 만큼 정신

세계는 매우 빈민층으로 살아온 게 사실이다. 나에게 책 한 권 읽어주지 않는다. 그저 TV나 바라보면서 실없이 따라 웃어줄 뿐이다. 이제 그래서는 안 된다. 인간과 동물의 차이는 사고(思考)하느냐, 즉 시(詩)를 쓰느냐 안 쓰느냐 차이다. 한승홍 시인이 지금 시집을 내는 것처럼 영원히 살기 위해 자신의 마음을 정리하고 내 생각을 후세에 전할 방법에 대하여 준비하는 것이다. 나는 그동안 열다섯 권의 책을 출판했다. 지금 죽어도 여한이 없다. 그러나 나는 할 일이 너무 많다. 써놓은 글들이 너무 많아서 이를 모두 책으로 출판해야 하고, 또 쓰고 싶은 글들이 너무 많아서 모두 써야 한다. 읽고 싶은 책이 너무 많아서 나는 날마다 밤을 새다시피 한다. 가고 싶은 곳이 너무 많아서 나에게 보여주어야 한다. 그렇게 쓰고 읽고 여행을 통해 관찰하는 것, 그것이 내가 나에게 '너 정말 잘 살았구나'라고 평가해 줄 수 있는 최선의 방법이 아닐까?

지껄임에는 허탈과 무기력이 뒤따르곤 한다
시간을 잃어버렸으니 후회한들 무엇하랴
나는 침묵의 언어로 나 자신과 대화한다
침묵이 나에겐 마음을 안정시켜주는 동반자
침묵으로 나는 무료한 시간을 메워가기도 하고
때로는 지금 어디 있는지 알 수 없는 친구들과도 만나고
나와 뜨겁게, 간혹 미적지근하게 사랑했던 연인들과도
때로는 추억의 사진첩을 넘기며 과거의 나와도 만나며
이렇게 나는 만남이 필요할 땐 침묵의 언어에 빠진다
고독한 시간에 만나는 침묵에선 그녀의 장미꽃 향기를

비 오는 날에 만나는 침묵에선 그리움에 서글픔을
겨울밤에는 설중매의 고고한 자태에 도취하며
나는 침묵 속으로 빨려 들어가곤 한다
침묵의 언어는 인생의 참을 진솔하게 전해준다
지껄임은 가끔 너와의 관계를 단절하지만
침묵의 언어는 언제나 시공간을 초월한 만남을 나에게
안긴다

– 「침묵의 언어」 전문

우리는 말하는 사람이다. 말은 의사소통의 최선처럼 보인다. 그러나 "침묵은 금이요 웅변은 은"이란 말이 있듯이 우리에게 침묵은 사고의 시간을 할애한다. 배려의 시간을 할애한다. 응원의 시간을 할애한다. 침묵하고 가만히 지켜봐주는 것, 그것은 어떠한 말보다 훌륭한 말이다. 페네롱은 "당신이 수다를 떨면 떨수록 사람들은 당신의 말을 기억하지 못한다"고 했다. 내 혀로 내 목을 자르는 일이 없도록 조심해야 한다. 바이크는 "이 세상을 번거롭게 하는 갖가지 불행의 대부분은 말에서 일어난다"고 했다. 맹자는 일찍이 "말이 가벼운 사람은 그 말을 책임지지 않는다"라고 했다. 침묵의 중요성을 강조한 말이다. '발 없는 말이 천 리 간다'는 속담도 있다. 혼자 말하지만 TV로 중계되거나 녹화해 다시 틀면 수천만 명이 볼 수도 있다. 그러니 침묵하며 웃는 방법이 허풍이나 과장, 미화의 방법보다 훨씬 좋은 방법이다. "귀를 기울이는 데서 지혜가 나오고 수다를 떠는 데서 후회가 나온다"는 말이 있다. 무엇을 도모하려면 우선 침묵해야 한다. 준비과정은 오랜 침묵이 필요하다. 그리고 무엇을 마무리하려면 그것 역시 침묵해야 한다. 완성단계에서는 과감히 침묵하여 과연 그 일이 '처음의 뜻과 맞는가, 방향이 잘못 나간 것은 아닌가, 나의 성공을 위해 다른 사람의 마음을 다치게 한 것은 아닌가' 침묵하며 생각해보아야 한다. 탈무드에서도 했듯 "인간은 말하는 것에 의해서보다 침묵하는 것에 의해서 더욱 인간답다"고 했기 때문이다.

(선략)
인간이 점점 괴물로 진화하고 있는 것인가
권력이 여성을 성 노리개 정도로 대하는 버릇
권력층의 성 놀이를 호탕한 기질로 묵인해 온 사회

여검사들이 'Me Too'의 횃불을 들었다
권력에 맞서는 용기가 대단하다

시인 최영미도 'Me Too'의 노래를 불렀다
"똥물"을 쏟아내는 '괴물'을 잡겠다는
노래가 함성이 되어 산울림으로 되돌아온다
Eros와 pathos는 시의 신성한 동인이거늘
이를 발정기 수컷처럼 몸으로 뭉개며 찾으려나

"En이 노털상을 받는 일이 정말 일어난다면
이 나라를 떠나야지…"
여류 시인의 패기 역시 위대하다

성 상납에 시달리다 자살한 여배우
'나는 당했다!'라고 외칠 작은 힘조차 없어서였을까
아니면 시달림에 심신이 찢어지고 아파서였을까

괴물의 욕정이 꿈틀대는 동물의 우리 같은 곳
'나도 당했다'라는 'Me Too' 사회가 언제쯤 사라지려나
'아름다움이 인간의 양성'에서 동일시되는 사회
언제쯤 '美 Two' 사회가 봄바람에 꽃을 피울까

냉한에 꽃눈이 얼지는 않았으려나
봄이 꽃소식을 안고 산 아래로 내려올 때면
나 혼자만이라도
'美 Two' 꽃향기 맡으러 꽃맞이 가련다

– 「'Me Too' 사회」 부분

시의 기능 중 중요한 하나는 중의성(重義性)이다. 황진이의 시조를 잠시 읽어보자. "청산리 벽계수야 수이 감을 자랑 마라 / 일도 창해하면 다시 오기 어려우리 / 명월이 만공산하니 쉬어간들 어떠리"라는 시조다. 여기서 벽계수와 명월은 각자 지명과 달로 쓰였다. 그러나 아무도 명승지 벽계수와 밝은 달로 읽지 않는다. 벽계수는 남자로 명월은 황진이로 읽는다. 중의성이다. 이 시 「'Me Too' 사회」도 중의적 표현이 들어있다. 요즘 들불처럼 일어난 성추행 고발의 'Me Too'란 나도 당했다는 뜻의 준말이다. 그런데 시인은 이 사회에서 'Me Too'의 처절한 반성과 자정노력을 통해 '美 Two'

를 꿈꾼다. 부정적인 시각의 'Me Too'를 긍정적인 시각의 '美 Two'로 전환하자는 발상에 무릎을 친다. 시에 있어 또 하나의 중요한 기능 중에 하나는 참여와 고발 기능이다. 시인은 부조리, 부도덕, 부실, 부정, 불순, 불통에 대하여 눈감아서는 안 된다. 일본의 독도 영유권 주장에 대하여, 중국의 이어도 영유권 주장에 대하여, 동북공정에 대하여 눈감아서는 안 된다. 김지하 시인은 죽음을 각오하고 시 「오적」을 써서 고발하고 사형선고를 받았다. 1970년에 그는 당대의 부정부패를 일삼던 재벌, 국회의원, 고급공무원, 장성, 장차관을 일제 치하의 을사오적처럼 오적으로 부르면서 이들의 부패상을 통렬하게 비판했다. 신동엽 시인은 4.19학생의거 때 시 「껍데기는 가라」를 써 직접적으로 무능한 정부의 퇴진을 주장했다. 김수영 시인은 「풀」이란 시를 써서 민중의 끈끈한 생명력을 노래하고, 민중을 짓밟는 권력에 대하여 항거했다. 이에 나는 한승홍 시인이 'Me Too'를 소재로 시를 쓰신 것을 매우 적절한 시작행위로 본다.

구름 따라 흘러가는 것은 시간이고
시간 따라 흘러가는 것은 인생이라네
샘물은 계곡에서 강에 흘러 바다에 닿고
바다는 섬과 바위에 부서지면서도 육지를 품고 있으니
어느 누군들 바다의 속마음을 알 수 있으랴
바다는 어머니의 사랑을 연출하고 있는데
아직도 우리는 바다의 희생을 이해할 수 없으니

인간이 어찌 어머니의 마음을 헤아릴 수 있으랴
이젠 어머니마저 내 곁을 떠났으니…
아아 어머니 생각에 슬픔만 밀려온다
어머니 그리움에 하늘을 쳐다보니
흘러가는 구름 한 점 내 인생으로 보인다

– 「어머니 생각」 전문

이 세상 모든 인간은 어머니로부터 나왔다. 어머니는 열 달 동안의 힘겨운 임신기간에 제대로 약도 먹지 못하고 희생한다. 갓난아기에 대하여 젖을 먹이고 기저귀를 갈아주면서 잠을 설친다. 어머니의 그러한 노고는 결국 연약한 여자를 위대한 어머니로 만들어낸다. 당신의 입에 들어가는 음식을 생각지 않고 오직 자식들의 먹을 거리를 생각한다. 남성은 어머니로부터의 연결고리에 대하여 거의 본능적으로 더듬는다. 어머니는 나무로 말할 때 뿌리요, 삶의 환경으로 말할 때 집이다. 어머니는 남성에게 있어 태양이다. 남성은 어머니의 빛을 받아야 성장하는 식물이다. 어머니 사랑은 무조건적이다. 어머니 사랑은 끊임없이 나오는 화수분이다. 어머니의 사랑은 아무리 써도 줄지 않는다. 팔순의 노모가 출근하는 육순의 아들에게 '차 조심하라'고 타이르는 말은 단순히 사랑이란 말로 해석할 수 없다. 그 말은 날마다 내리쪼이는 빛이요, 생명의 단비다. 그동안 나도 어머니에 대한 시를 많이 썼다. 이 시집에도 어머니에 대한 시가 여러 수 나온다. 그 어떤 시인도 어머니를 시화하지 않은 시인은 없다. 어머니는 작가에게 최고의 소재이며 최선의 소재이다. 이 세상에는 어머니에 대한 문학작품이 무수히 존재한다. 그것은 지극히 자연스런 현상이며, 자식이라면 꼭 다루어야만 하는 명제다. 그러나 천편일률적인 내용, 즉 어머니는 위대하며, 거룩하며, 수고로운 존재로 표현하는 것은 금기다. 어머니의 사랑과 수고에 대하여 직접적으로 언급하는 일은 결국 시인의 능력부재로 독자에게 외면을 받게 된다. 어머니라는 서사는 결국 서정의 알레고리를 생산해야만 더욱 거룩해진다. 그래서 한숭홍 시인은 어머니라는 대 서사를 '구름, 시간, 샘물, 계곡, 강, 바다, 섬, 바위, 육지' 등의 객관적 상관물인 서정으로 실어 나른다. 그래서 그의 시 「어머니」가 독자에게 설득력을 생산하는 것이다.

이상에서처럼 한숭홍 시인의 시 몇 수를 읽어보면서 그의 시세계를 여행해보았다. 한숭홍의 시는 우리들의 서사성, 즉 개인의 역사를 꿰고 있다. 그가 언제부터 시를 써왔는지는 잘 모른다. 아마도 중고등학교 때부터 습작을 해왔을 것으로 미뤄 짐작할 수 있다. 왜냐하면 그의 시 「전쟁의 상흔」이 언제 쓰여 졌는지 확실치 않지만 아마도 전쟁 직후, 그가 소년 때 썼을 거란 생각을 해본다. 22세의 약관의 나이에 연세대학교 교지인 『연세춘추』에 발표된 그의 시 「바닷가에서」와 「내 사랑하는 사람에게」 등 두 편은 상당한 수준을 보이고 있다. 그 당시는 우리의 국문학이 태동을 거쳐 성장의 시기라 해도 좋을 것 같다. 당시 연세대 교지를 심의하고 들여다보던 국문과 교수들의 면면은 당대 최고의 문학가였을 터, 한승홍 시인이 발표한 시 역시 그들의 심의를 거쳤을 것이다. 그러니 그는 이미 1963년에 『연세춘추』를 통해 문단에 등단했다고 볼 수 있다. 그런 그가 계간 <스토리문학>을 통해 재등단해 활동하는 것은 매우 고무적인 일이며, <스토리문학>은 그의 결정에 감사한다. 거의 60여년을 갈고 닦은 시심을 가지고 우리 <스토리문학>에 새 둥지를 트셨기 때문이다.

한승홍의 시를 읽어보니 그의 시는 단순히 서정에 기대어 감정을 토로한 것이 아니었다. 온몸으로 읽어낸 우리의 서사였다. 그는 6.25동란과 3.15부정선거에 항거하는 4.19학생의거, 그 혼란을 틈타 점거한 5.16군부, 그리고 잘살아보자는 새마을운동과 신흥공업국의 꿈으로 포장된 장기독재, 또다시 신군부에게 린치당한 광주에 대하여 분연히 항거한 5.18민주화운동 등을 온몸으로 꿰어온 시인이다. 나는 잡지의 이름을 <스토리문학>이라 했다. 서사 없는 서정은 없다. 아무리 아름다운 서정이라 할지라도 이야기 없이 그리움과 아름다움을 표현해낸다면 그 시의 생명력은 소녀적 감상주의자들에게 읽힐 뿐, 문학의 범주에서 멀어진다. 그래서 시인은 개인의 역사를 서정으로 실어 날라야만 고급독자를 확보할 수 있는데 한승홍 시인의 시는 이를 거의 충족하고 있다. 늦으셨지만 열 권의 시집을 내신 분의 시집처럼 완성도 높은 첫 시집을 출간하시는 한승홍 시인께 진심으로 축하의 말씀을 드린다.

한승홍 시집

나무에게 배우다

초판인쇄일 2018년 8월 23일
초판발행일 2018년 8월 28일

지은이 : 한승홍
발행인 : 김순진
편집장 : 전하라
디자인 : 김초롱
펴낸곳 : 문학공원
등 록 : 2004년 3월 9일 제6-706호
주 소 : 우편번호 03382 서울 은평구 통일로 633
녹번오피스텔 501호 스토리문학사
전 화 : 02-2234-1666
팩 스 : 02-2236-1666
홈페이지 : http://cafe.daum.net/yob51
이메일 : 4615562@hanmail.net

※ 책값은 뒤표지에 있습니다.